校企双元合作开发"互联网+教育"新形态一体化系列教材

企业会计实训

QIYE KUAIJI SHIXUN

主　编◎郭　锐　胡海霞　王青海

华中科技大学出版社
http://press.hust.edu.cn
中国·武汉

内容简介

本书将企业会计人员应具备的基本能力、专业知识和会计人员职业素养作为内容设计的出发点。本书包括四个项目：项目一是企业会计实训知识准备，主要介绍了会计工作组织、会计核算与内部控制制度、支付结算方式及应用、税费的计算及缴纳、会计法律责任；项目二是企业会计单项实训，分别设计了会计凭证、账簿、报表和档案管理的单项实训任务；项目三是企业会计综合实训，设计了整体实训方案；项目四是会计信息系统应用，以金蝶会计软件为载体介绍了会计信息系统应用知识，设计了实训任务。

图书在版编目(CIP)数据

企业会计实训 / 郭锐，胡海霞，王青海主编. -- 武汉：华中科技大学出版社，2024.10. -- ISBN 978-7-5772-0689-9

Ⅰ. F275.2

中国国家版本馆 CIP 数据核字第 2024SA7410 号

企业会计实训   郭　锐　胡海霞　王青海　主编

Qiye Kuaiji Shixun

策划编辑：金　紫
责任编辑：李曜男
封面设计：原色设计
责任监印：朱　玢
出版发行：华中科技大学出版社（中国·武汉）　　电话：(027)81321913
　　　　　武汉市东湖新技术开发区华工科技园　　邮编：430223
录　　排：华中科技大学惠友文印中心
印　　刷：武汉市洪林印务有限公司
开　　本：787mm×1092mm　1/16
印　　张：14.5
字　　数：362千字
版　　次：2024年10月第1版第1次印刷
定　　价：45.00元

本书若有印装质量问题，请向出版社营销中心调换
全国免费服务热线：400-6679-118　竭诚为您服务
版权所有　侵权必究

前　言

会计是企业管理的重要组成部分,对企业的决策、规划和运营起着举足轻重的作用。企业会计实训是连接理论知识与实际操作的桥梁,旨在培养学生的实践能力和解决实际问题的思维方式,使学生能够在毕业后迅速适应企业的会计工作需求。

本书以编写团队多年企业会计实训教学经验为基础,以企业经营管理活动的实际工作过程为导向,面向会计核算工作全过程,为学生搭建会计工作整体框架,旨在培养学生的基本会计核算能力、基本职业判断能力以及全盘账务处理能力,让学生对会计工作有系统性的整体认知。本书以项目和任务为载体,将会计原理、企业会计、税务会计等相关专业理论知识和实训有机结合,真正体现融教、学、做为一体的教学理念。

在编写过程中,编写团队紧密结合企业会计工作的流程和要求,力求使本书内容贴近实际、具有实用性和可操作性;紧扣企业用人需求,明确了学生学习中应达到的职业能力目标。本书在编写过程中注重以下几个方面。

一是系统性。本书以项目引领,理实一体,层层递进,涵盖企业会计工作的各个环节,包括会计凭证的填制与审核、账簿的登记、会计报表编制与档案管理等,让学生能够全面了解企业会计的工作流程和方法。

二是案例性。本书在会计单项实训与综合实训中引入企业实际案例,通过对案例的分析和处理帮助学生更好地理解和掌握会计知识,提高学生的实际操作能力和分析问题、解决问题的能力。

三是创新性。在会计信息化已经基本普及的今天,各种会计信息化软件已成为企业会计工作的重要手段。本书在介绍传统手工会计实训的基础上,增加了会计信息系统应用的实训内容,使学生能够适应会计工作的信息化要求。

四是指导性。本书提供了实训任务的参考答案、会计信息化实训的详细操作步骤,方便学生自主学习和教师教学指导。

通过本书的学习和实训,学生能够熟练掌握企业会计的基本操作技能,具备较强的会计职业素养和团队合作精神,为今后从事企业会计工作或进行相关领域的学习打下坚实的基础。

本书由内蒙古商贸职业学院郭锐、胡海霞和内蒙古工业大学王青海主编,参编人员包括内蒙古商贸职业学院徐玉祥、黄树东、王迪、樊永平、李雪楠、陈一博、贾罍、孙鹏飞、张腾腾,北京首都机场餐饮发展有限公司内蒙古分公司乌云格日勒,华瑞集团大连华瑞慧科人力资源有限公司张二江。具体分工是徐玉祥、黄树东、王迪、陈一博、负责项目一的编写,乌云格日勒、李雪楠、孙鹏飞、张腾腾、张二江负责项目二和项目三的编写,樊永平、贾罍负责项目四的编写,郭锐、胡海霞、王青海负责本书的总体框架设计和书稿通审,郭锐负责全书统筹。

为了方便教学,本书配有实训答案,在书中以二维码的形式呈现,方便学生和老师使用。

希望本书能够成为广大学生和教师的良师益友,为培养高素质的会计人才贡献一份力量。限于作者水平,书中难免会存在不妥和疏漏之处,恳请读者和广大同仁批评指正。

目　录

项目一　企业会计实训知识准备 ·· (1)
　　任务一　了解会计工作组织 ·· (1)
　　任务二　了解会计核算与内部控制制度 ···································· (5)
　　任务三　了解支付结算方式及应用 ·· (10)
　　任务四　了解税费的计算及缴纳 ··· (16)
　　任务五　会计法律责任 ·· (30)

项目二　企业会计单项实训 ··· (34)
　　任务一　会计凭证的填制与审核实训 ····································· (35)
　　任务二　会计账簿的登记实训 ··· (60)
　　任务三　会计报表编制与档案管理实训 ·································· (75)

项目三　企业会计综合实训 ··· (86)
　　任务一　企业会计综合实训方案 ·· (86)
　　任务二　模拟企业的基本信息 ··· (89)
　　任务三　会计综合实训案例资料 ·· (92)
　　任务四　会计综合实训任务 ··· (145)

项目四　会计信息系统应用 ··· (148)
　　任务一　了解会计信息系统 ··· (148)
　　任务二　了解会计信息系统的功能模块 ································· (149)
　　任务三　会计信息系统应用 ··· (154)

项目一　企业会计实训知识准备

> **职业能力目标**
>
> **知识目标：**
> 1. 了解会计工作的组织、会计岗位职责及会计人员素质要求。
> 2. 了解会计核算程序与内部控制制度、措施。
> 3. 了解支付结算方式及其应用。
> 4. 了解税费的计算及缴纳。
> 5. 了解会计相关法律责任。
>
> **能力目标：**
> 1. 熟悉会计核算的程序及相关的会计内部控制制度。
> 2. 掌握税费计算、缴纳流程及最新税法法规。
> 3. 熟悉各种支付结算方式并能够熟练运用。
>
> **素养目标：**
> 1. 培养学生法制观念、契约精神及规则意识，内化规范流程的重要性。
> 2. 增强学生遵纪守法意识，内化依法纳税、遵守会计相关法律法规的重要性。
> 3. 培养学生爱岗敬业、遵守职业道德的自觉性。
> 4. 培养学生自主学习的意识，内化会计岗位继续教育的必要性。

·内容导读·

> 企业财务会计是以货币为主要计量单位，采用专门方法和程序，对企业经济活动进行完整的、连续的、系统的核算和监督，以提供经济信息和反映受托责任履行情况为主要目的的经济管理活动。本项目学习企业会计实训需要具备的知识准备和基础认知，包括会计工作组织、会计核算与内部控制制度、支付结算方式及应用、税费的计算及缴纳、会计法律责任等。

任务一　了解会计工作组织

一、会计机构的设置要求

会计机构是指单位内部设置的办理会计事务和组织领导会计工作的职能部门。单位要考虑自身的具体情况,根据会计业务需要设置会计机构,要体现精简高效的原则。单位会计机构的设置如图1-1所示。

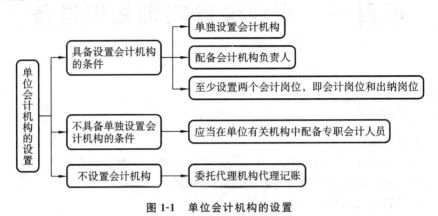

图1-1 单位会计机构的设置

提示:
(1)一个单位是否需要设置会计机构,一般取决于三个方面的因素:一是单位规模大小;二是经济业务和财务收支繁简;三是经营管理的需要。

(2)《会计基础工作规范》规定,没有设置会计记账机构或者配备会计人员的单位,应当根据《代理记账管理办法》的规定,委托会计师事务所或者持有代理记账许可证书的代理记账机构进行代理记账。

二、会计岗位的主要职责

会计机构内部应进行合理的分工,按会计核算的流程设置会计工作岗位,并明确各会计岗位的职责范围,建立及完善岗位责任制。一个企业的会计工作岗位根据实际需要设置,通常有会计机构负责人(会计主管人员)、出纳、成本费用核算、固定资产核算、往来核算、工资核算、财务成果核算、资金核算、总账报表、稽核以及档案管理等。各种会计岗位的主要职责如下。

(一)会计机构负责人岗位

全面负责本单位会计部门的各项工作。主要职责:贯彻执行国家财经法律法规,组织制定本单位的财务会计制度及核算办法;组织编制本单位的财务预算、筹资计划、成本费用计划等;组织会计人员学习业务;及时准确编制会计、统计报表;分析财务成本费用和资金执行情况,总结经验,提出改进的意见并参与决策。

(二)出纳岗位

负责按照财务制度要求办理现金收付和结算业务;登记现金和银行存款日记账;保管库存现金、有价证券、空白收据和支票;保护现金、有价证券和票据的安全完整。

(三)成本费用核算岗位

负责编制成本费用计划,并将计划分解落实到责任部门或个人;归集和分配费用,计算产品成本;对发生的成本费用进行记录与核算,并登记成本费用明细账;编制费用报表,并分析成本计划的执行情况。

(四)固定资产核算岗位

负责拟定固定资产管理核算办法;参与固定资产增量的核定,参与固定资产更新改造和大修理计划的编制;负责固定资产明细账核算;按期编制反映固定资产增减变动的会计报表;计算和提取固定资产折旧;会同有关部门定期对固定资产进行盘点并及时进行账务处理。

(五)往来核算岗位

负责其他暂收暂付、应收应付业务的办理、核对和清算;负责备用金的明细核算和管理;管理往来业务涉及的凭证、账册及其他资料;处理无法收回或无法支付的款项,查明原因并及时向会计机构负责人报告。

(六)工资核算岗位

负责计算职工的各种薪酬,办理职工薪酬分配、结算和明细核算;分析工资政策的执行情况,监督工资薪酬的支付;编制有关的工资报表。

(七)财务成果核算岗位

负责编制收入、利润计划,督促销售部门完成销售计划;负责计算销售收入和经营业务收入,编制有关收入、利润方面的报表,并进行分析;预测销售前景,提出增加利润的措施。

(八)资金核算岗位

负责资金的筹集、使用、调度和核算;了解和掌握资金的市场动态,为企业筹集所需资金,并合理安排、调度和使用资金;负责资金筹集和各项投资的明细分类核算。

(九)总账报表岗位

负责总账的登记以及与日记账、明细账的核对工作;编制会计报表,并负对财务状况进行综合分析;制订或参与制订财务计划,参与生产经营决策等。

(十)稽核岗位

负责组织稽核工作,确立稽核工作的组织形式和人员分工;确定稽核工作职责;复核会计凭证、账目和报表,审核财务收支的合理合法性;审查各项财务收支以及计划的执行情况,提出经营管理的建议。

(十一)档案管理岗位

负责制定本单位会计档案管理方面的规章制度;定期组织会计档案归档;保护会计档案的安全和完整,保证商业秘密不外泄。

提示:

(1)会计工作岗位可一人一岗、一人多岗或一岗多人。
(2)出纳人员不得兼管稽核,收入、费用、债权债务账目的登记,以及会计档案保管工作。
(3)会计人员不得兼管现金收付、有价证券的保管等专项工作。
(4)有条件的单位应对会计人员的工作岗位有计划地进行轮换。

三、会计人员的素质要求

(一)业务水平

会计人员须具有一定的会计专业知识和专业技能,如图1-2所示。

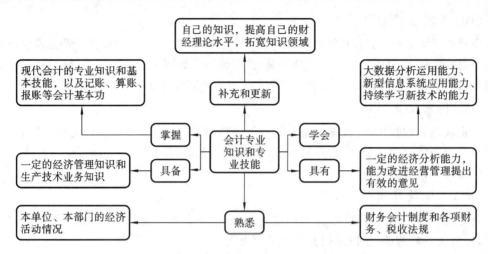

图 1-2　会计专业知识和专业技能

会计专业技术资格与会计专业职务

会计专业技术资格是指担任会计专业职务的任职资格,分为初级、中级和高级三个级别。目前,初级、中级资格实行全国统一考试制度,高级资格实行考试与评审相结合的评价制度。会计专业职务是区分会计人员从事业务工作的技术等级,分为会计员、助理会计师、会计师、高级会计师和正高级会计师。会计员和助理会计师属于初级职务,会计师属于中级职务,高级会计师和正高级会计师属于高级职务。

（二）职业道德

会计人员职业道德的主要内容如图 1-3 所示。

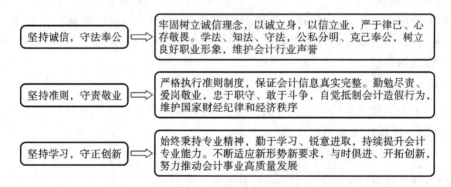

图 1-3　会计人员职业道德的主要内容

提示：

2023 年,财政部印发了《会计人员职业道德规范》(财会〔2023〕1 号),明确了会计人员"坚持诚信,守法奉公""坚持准则,守责敬业""坚持学习、守正创新"的职业道德规范。

（三）继续教育

会计人员应当按照国家有关规定参加继续教育。继续教育的内容包括公需科目和专业科目,如图 1-4 所示。

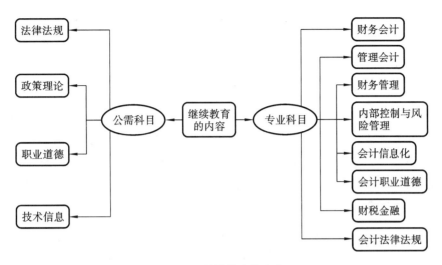

图 1-4　继续教育的内容

提示:
　　我国会计人员参加继续教育实行学分制管理,每年取得的学分不得少于 90。其中,专业科目的学分一般不少于总学分的三分之二。

任务二　了解会计核算与内部控制制度

一、会计核算组织程序

　　会计核算是会计工作的重要环节,是会计的基本职能之一。会计核算组织程序是在会计核算中,账簿组织、记账程序以及记账方法相互结合的方式。科学合理地选择会计核算程序,对于正确组织会计核算工作、确保会计工作质量、提高会计核算效率、充分发挥会计的职能作用,具有十分重要的意义。

　　各单位的规模大小不同、业务性质不同、管理要求各异,因此在实际工作中就形成各种不同的会计核算组织程序。我国采用的会计核算组织程序如图 1-5 所示。

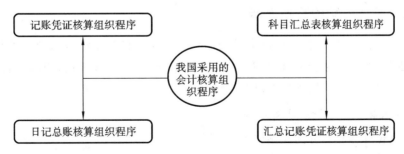

图 1-5　我国采用的会计核算组织程序

提示：
（1）各种核算组织程序的主要区别在于登记总分类账的程序与方法不同。
（2）每个单位应当结合自身经济业务的性质及特点、经济业务规模大小、经营管理的特点，采用适合自身特点的会计核算组织程序。

二、会计核算方法

会计核算方法是对发生的经济业务事项进行连续、系统、全面、综合的确认、计量、记录和报告所采用的方法，包括设置会计科目和账户、复式记账、填制和审核会计凭证、登记账簿、成本核算、财产清查、编制财务会计报告七种方法。七种方法互相联系、密切配合，构成一个完整的会计核算方法体系，如图1-6所示。

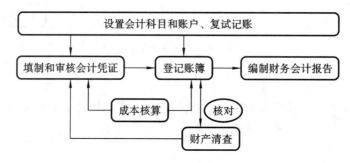

图1-6　会计核算方法体系

三、内部会计控制

内部控制是指企业为保证各项经营管理活动的有效进行，保护财产的安全完整，防止出现差错与舞弊，保证会计资料的真实、合法和完整而制定和实施的政策与程序。内部会计控制是内部控制的重要组成部分。我国财政部在2001年6月发布的《内部会计控制规范——基本规范（试行）》中，对内部会计控制的定义表述为"单位为了提高会计信息质量，保护资产的安全、完整，确保有关法律法规和规章制度的贯彻执行等而制定和实施的一系列控制方法、措施和程序"。

四、内部会计控制的基本方法

根据企业经营活动的过程，内部会计控制的方法主要包括不相容岗位职务相互分离控制、授权批准控制、会计系统控制、预算控制、财产保全控制、风险控制、内部报告控制、电子信息技术控制等。其中常用到的有以下几种。

（一）不相容岗位职务相互分离控制

不相容岗位职务相互分离控制如图1-7所示。

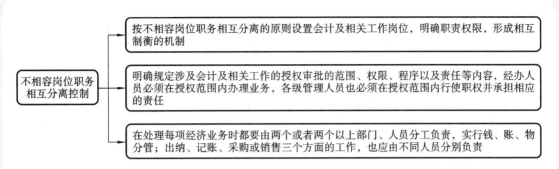

图 1-7 不相容岗位职务相互分离控制

提示：
(1) 不相容职务主要有授权批准、业务经办、会计记录、财产保管、稽核检查等。
(2) 各单位在办理各项经济业务时，必须经过规定程序的授权批准。
(3) 出纳不得兼职收入、费用、债权债务账目的登记，以及稽核、会计档案保管等工作。
(4) 向银行提取大额现金时必须由两个以上人员经办。
(5) 仓库应当设材料明细账单独记账并设专人稽核。

(二)授权批准控制

明确规定实际会计及相关工作的授权批准范围、权限、程序、责任等内容，企业内部的各级管理层必须在授权范围内行使职权和承担责任，经办人员也必须在授权范围内办理业务。

(三)会计系统控制

会计系统控制如图 1-8 所示。

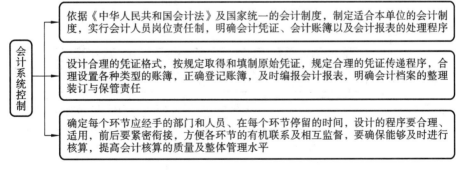

图 1-8 会计系统控制

(四)财产保全控制

财产保全控制主要包括接近控制、定期盘点控制，如图 1-9 所示。

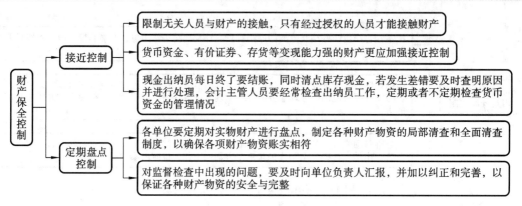

图 1-9　财产保全控制

提示：

企业应从本单位实际出发，加强自身财务内部会计控制制度建设。

五、会计工作交接制度

做好会计交接工作，是保证会计工作连续进行，做好前后衔接的有效措施，能够防止因会计人员的变更出现账目不清、财务混乱等现象，利于分清移交人员和接管人员的相关责任。

（一）交接前的准备工作

会计人员在办理会计工作交接前，应先处理好各项未完成的事项，如图 1-10 所示。

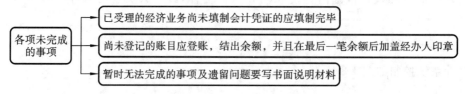

图 1-10　各项未完成的事项

其他需要处理的工作内容如图 1-11 所示。

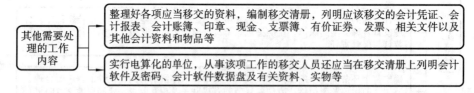

图 1-11　其他需要处理的工作内容

提示：

会计机构负责人或者会计主管人员移交时，应当把会计工作、重大财务收支问题以及会计人员的情况等向接替人员详细介绍。

（二）移交

移交人员必须在规定的期限内，把本人经管的会计工作全部向接管人员移交清楚。接管人员应当认真按照移交清册逐项点收。按移交清册逐项移交的具体要求如图 1-12 所示。

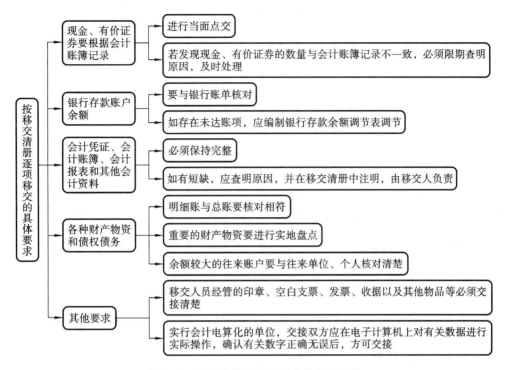

图 1-12　按移交清册逐项移交的具体要求

（三）交接的监督

在办理工作交接时，必须由专人负责监督交接，如图 1-13 所示。

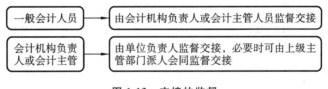

图 1-13　交接的监督

移交清册应经过监督交接人员审查和签名、盖章，以明确交接双方的责任。

（四）交接后

会计工作交接完毕之后，交接双方及监督交接人员在移交清册上签章，且移交清册上应注明单位名称，交接日期，交接双方和监督交接人员的职务、姓名，移交清册页数以及需要说明的问题和意见等。

交接工作完成之后，移交人员应对移交的会计凭证、会计账簿、会计报表以及其他会计资料的真实性、完整性负责，不得以会计资料已经移交为借口推脱责任。接管人员应当继续使用移交前的账簿，不得擅自另立账簿，以保证会计记录前后衔接、内容完整。

提示：
　　移交清册一般应当填制一式三份，交接双方各执一份，存档一份。

任务三　了解支付结算方式及应用

支付结算指的是单位和个人在社会经济活动中使用票据、银行卡和汇兑、托收承付及委托收款等结算凭证,进行货币给付及资金清算的行为。支付结算的作用、相关法律、结算方式如图1-14所示。

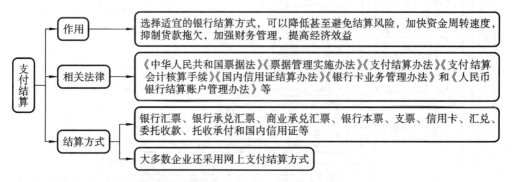

图1-14　支付结算的作用、相关法律、结算方式

一、办理支付结算

办理支付结算的基本要求如图1-15所示。

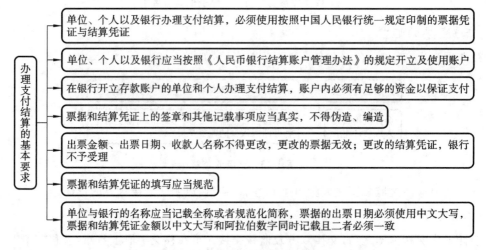

图1-15　办理支付结算的基本要求

> 提示：
> 　　支付结算是一种法律行为,具有法律特征。

二、银行结算账户

银行结算账户指的是存款人在经办银行开立的办理资金收付结算的人民币活期存款账户。

(一)开立银行账户

企业开立银行账户时,须出示企业法人营业执照正本,填制开户申请书,同银行签订银行结算账户管理协议;银行审查之后,符合开立账户条件的,予以核准,并颁发基本(临时或专用)存款账户开户许可证。

企业开立的银行结算账户按用途分为基本存款账户、一般存款账户、临时存款账户和专用存款账户,如图 1-16 所示。

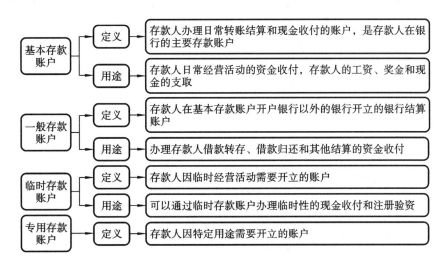

图 1-16　银行结算账户分类

> **提示:**
> 一个企业只能开立一个基本存款账户。

(二)变更和撤销

企业的银行结算账户变更和撤销如图 1-17 所示。

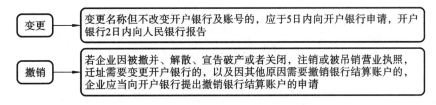

图 1-17　企业的银行结算账户变更和撤销

三、票据

票据是由出票人签发的、约定自己或委托付款人在见票时或指定的日期向收款人或持票人无条件支付一定金额的有价证券。票据签章指的是票据有关当事人在票据上签名、盖章或者签名加盖章的行为,票据行为是一种法律行为。《中华人民共和国票据法》中的票据包括汇票、本票和支票,如表 1-1 所示。

表 1-1 票据的分类

类别	银行汇票	商业汇票	银行本票	支票
签发单位或个人	银行	出票人	银行机构	出票人
定义	出票银行签发的,由其在见票时按照实际结算金额无条件支付给收款人或者持票人的票据	出票人签发的,委托付款人在指定日期无条件支付确定的金额给收款人或者持票人的票据	银行机构签发的,承诺自己在见票时无条件支付确定的金额给收款人或者持票人的票据	出票人签发的,委托办理支票存款业务的银行在见票时无条件支付确定的金额给收款人或持票人的票据
用途	1.可用于转账,填明"现金"字样的银行汇票也可以用于支取现金;2.单位与个人均可使用银行汇票结算各种款项	在银行开立存款账户的法人以及其他组织之间,必须具有真实的交易关系或债权债务关系,才能使用商业汇票	银行本票可以用于转账,注明"现金"字样的银行本票可以用于支取现金	
分类		商业承兑汇票与银行承兑汇票(区别在于承兑人不同)	不定额本票和定额本票	现金支票、转账支票和普通支票
签发时必须记载的事项	标明"银行汇票"的字样;无条件支付的承诺;出票金额;付款人名称;收款人名称;出票日期;出票人签章	标明"商业承兑汇票"或"银行承兑汇票"的字样;无条件支付的委托;确定的金额;付款人名称;收款人名称;出票日期;出票人签章	标明"银行本票"的字样;无条件支付的承诺;确定的金额;收款人名称;出票日期;出票人签章	标明"支票"的字样;无条件支付的委托;确定的金额;付款人名称;出票日期;出票人签章
提示付款期限	自出票日起1个月	商业汇票的付款期限最长不得超过6个月,提示付款期限为自汇票到期日起10日	自出票日起最长不得超过2个月	自出票日起10日

提示：

(1) 银行汇票。

申请人应把银行汇票和解讫通知一并交付给汇票上记明的收款人。收款人受理申请人交付的银行汇票时，应当在出票金额内，根据实际需要的款项办理结算，把实际结算金额与多余金额准确、清晰地填入银行汇票和解讫通知的有关栏内，并将多余金额通过出票银行退交申请人。

(2) 商业汇票。

银行承兑汇票的承兑银行按票面金额向出票人收取万分之五的手续费。商业汇票的持票人在票据未到期前为了取得现金，可贴付一定利息，向银行申请贴现。

(3) 支票。

支票的金额、收款人名称，可通过出票人授权补记，未补记前不得背书转让及提示付款。

四、银行卡

银行卡指的是商业银行(含邮政金融机构)向社会发行的具有消费信用、转账结算以及存取现金等全部或部分功能的信用支付工具。在中国境内金融机构开立基本存款账户的单位，应凭中国人民银行核发的开户许可证申领单位卡。企业使用银行卡交易的规定如图1-18所示。

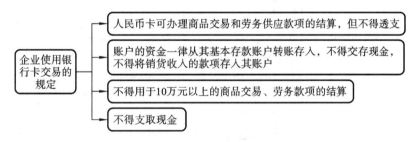

图 1-18 企业使用银行卡交易的规定

提示：

持卡人可以是单位，也可以是个人。

五、汇兑

汇兑及使用要求如图 1-19 所示。

六、托收承付及使用要求

托收承付及使用要求如图 1-20 所示。

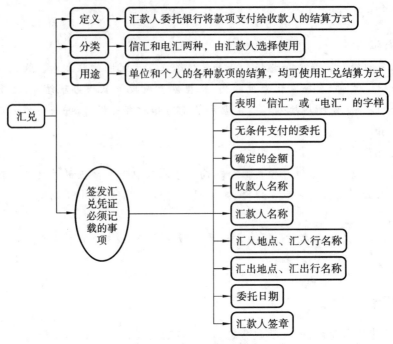

图 1-19 汇兑及使用要求

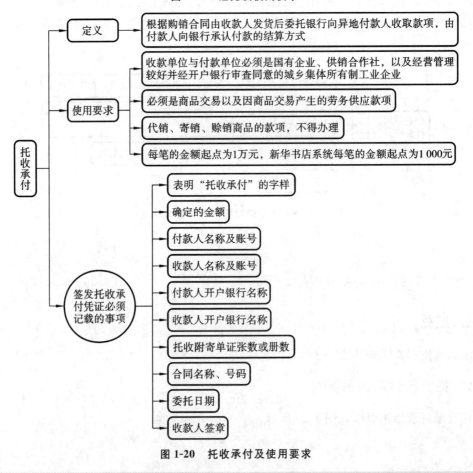

图 1-20 托收承付及使用要求

七、委托收款

委托收款及使用要求如图 1-21 所示。

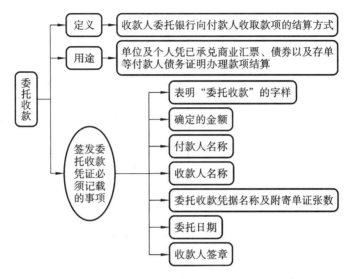

图 1-21　委托收款及使用要求

八、国内信用证

国内信用证及使用要求如图 1-22 所示。

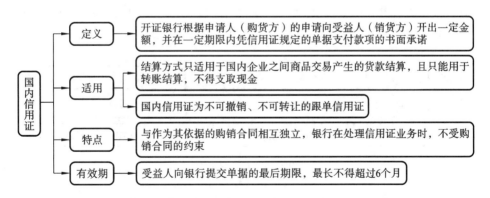

图 1-22　国内信用证及使用要求

九、银行电子支付

银行电子支付及使用要求如图 1-23 所示。

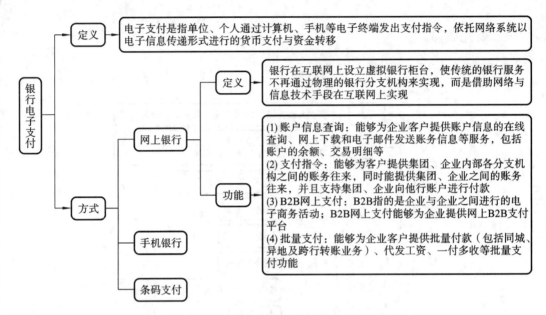

图 1-23　银行电子支付及使用要求

任务四　了解税费的计算及缴纳

一、涉税的基本内容

税收指的是以国家为主体,为实现国家职能,凭借政治权力,按照法律规定的标准,无偿取得财政收入的一种特定分配方式,具有资源配置、收入再分配、稳定经济秩序以及维护国家政权等作用。税收具有强制性、无偿性和固定性等特征,如图 1-24 所示。

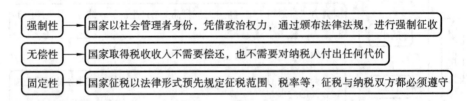

图 1-24　税收的特征

税收活动必须严格依照税法的规定进行,税法是税收的法律依据及法律保障。

（一）征纳双方的权利与义务

1. 征税人

征税人是代表国家行使征税职权的各级税务机关和其他征收机关。征税人的权利和义务如图 1-25 所示。

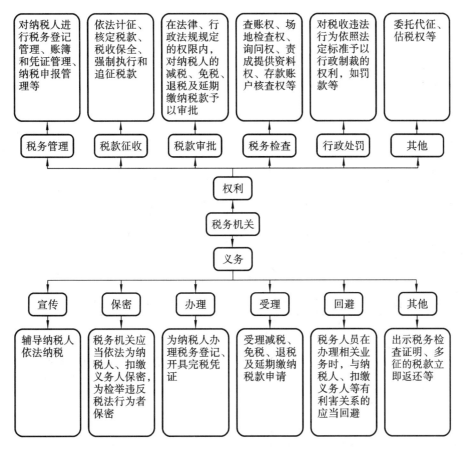

图 1-25 征税人的权利和义务

2. 纳税义务人

纳税义务人(简称纳税人)指的是依法直接负有纳税义务的自然人、法人和其他组织。扣缴义务人是税法规定的,在其经营活动中负有代扣税款并向国库缴纳义务的单位。纳税义务人的权利和义务如图 1-26 所示。

(二)税务登记及其要求

纳税人取得证照之后应将其在生产、经营或办公场所公开悬挂,接受相关部门检查。纳税人在办理图 1-27 所示的事项时,必须持证照。

(三)发票的领购及其使用要求

发票指的是在购销商品、提供或接受服务以及从事其他经营活动时,开具、收取的收付款凭证,为会计核算的原始依据,如图 1-28 所示。

提示:

全国范围内全面推行"营改增"试点后,发票的类型主要是增值税专用发票和增值税普通发票,还有特定范围继续使用的其他发票。

(1)增值税专用发票,包括增值税专用发票(折叠票)、增值税电子专用发票和机动车销售统一发票。

(2)增值税普通发票,包括增值税普通发票(折叠票)、增值税电子普通发票和增值税普通发票(卷票)。

(3)其他发票,包括农产品收购发票、农产品销售发票、门票、过路(过桥)费发票、定额发票、客运发票和二手车销售统一发票等。

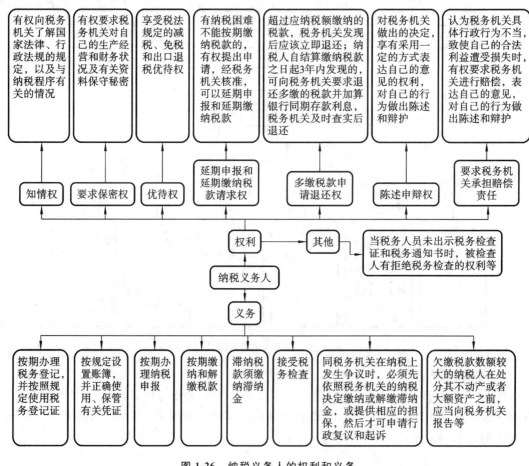

图 1-26 纳税义务人的权利和义务

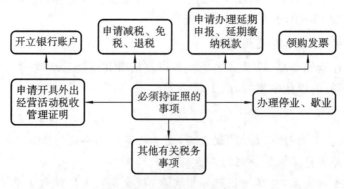

图 1-27 必须持证照的事项

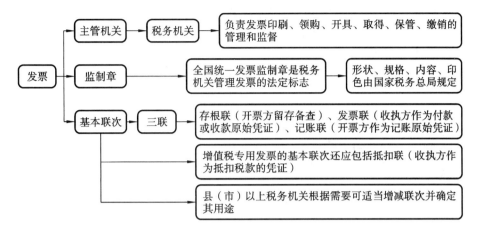

图 1-28　发票的基本概念

《中华人民共和国发票管理办法实施细则》对于发票的领购及使用有明确的要求。

1. 基本内容

发票的基本内容如图 1-29 所示。

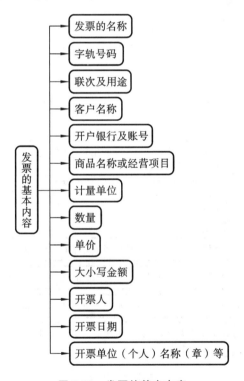

图 1-29　发票的基本内容

> **提示：**
> 增值税专用发票还应当包括以下内容：购货人地址；购货人税务登记号；增值税税率、税额；供货方名称；购货方地址及其税务登记号。

在全国范围内统一式样的发票,由国家税务总局确定。在省、自治区、直辖市范围内统一式样的发票,由省级税务机关确定。

2. 申请领购

依法办理税务登记的单位及个人,在领取证照之后,可向税务机关申请领购发票,如图 1-30 所示。

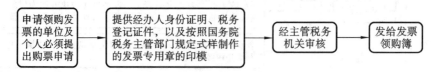

图 1-30　申请领购

提示:

关于代开发票的规定如下。

需要临时使用发票的单位和个人,可以凭购销商品、提供或者接受服务以及从事其他经营活动的书面证明、经办人身份证明,直接向经营地税务机关申请代开发票。

依照税收法律、行政法规规定应当缴纳税款的,税务机关应当先征收税款,再开具发票。税务机关可以根据发票管理的需要,按照国务院税务主管部门的规定委托其他单位代开发票。禁止非法代开发票。

3. 填开

填开发票的单位及个人必须在发生经营业务确认营业收入时开具发票,如图 1-31 所示。

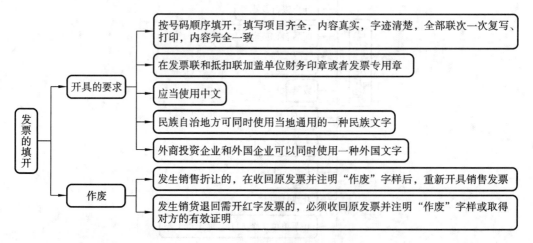

图 1-31　填开

提示:

关于网络发票的规定如下。

网络发票是指符合国家税务总局统一标准并通过国家税务总局及省、自治区、直辖市税务局公布的网络发票管理系统开具的发票。

开具发票的单位和个人开具网络发票时应登录网络发票管理系统,如实、完整填写发票的相关内容及数据,确认保存后打印发票。开具发票的单位和个人在线开具的网络发票,经系统自动保存数据后即完成开票信息的确认、查验。

税务机关应根据开具发票的单位和个人的经营情况,核定其在线开具网络发票的种类、行业类别、开票限额等内容。开具发票的单位和个人需要变更网络发票核定内容的,可向税务机关提出书面申请,经税务机关确认,予以变更。

单位和个人取得网络发票时,应及时查询验证网络发票信息的真实性、完整性。不符合规定的发票不得作为财务报销凭证,任何单位和个人有权拒收。

(四)有关纳税申报的一般要求

纳税申报指的是纳税人按税法规定,定期就计算缴纳税款的有关事项向税务机关提交书面报告的一种法定手续。纳税人要按纳税申报一般要求申报纳税。

1. 纳税人、扣缴义务人纳税申报的主要内容

纳税人、扣缴义务人纳税申报的主要内容如图1-32所示。

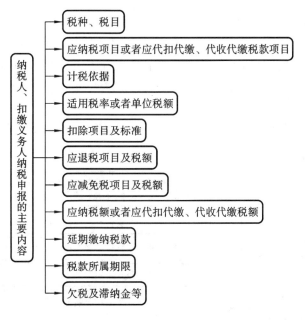

图1-32 纳税人、扣缴义务人纳税申报的主要内容

2. 纳税人办理纳税申报应报送相关证件和资料

纳税人办理纳税申报时,应如实填写纳税申报表,并根据不同的情况报送相关证件及资料,如图1-33所示。

3. 申报方式

纳税人、扣缴义务人可采取自行申报、邮寄申报、数据电文方式或简易申报等《中华人民共和国税收征收管理法》允许的申报方式。

4. 特殊情况

(1)纳税人在纳税期内没有应纳税款的,也应按照规定办理纳税申报。

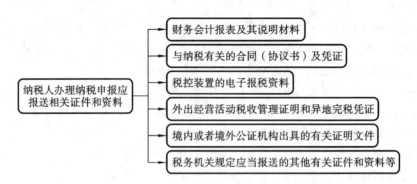

图 1-33　纳税人办理纳税申报应报送相关证件和资料

（2）纳税人享受减税、免税待遇的，在减税、免税期间应按规定办理纳税申报。

5. 期限与延期

纳税人、扣缴义务人按规定的期限办理纳税申报或报送代扣代缴、代收代缴税款报告表确有困难，需要延期的，应在规定的期限内向税务机关提出书面延期申请，经税务机关核准，在核准的期限内办理。

（五）有关税款征收的一般要求

税款征收为税务机关依照税收法律、法规的规定将纳税人应缴纳的税款组织入库的一系列活动的总称。税款征收的主要方式有查账征收、查定征收、查验征收和定期定额征收。税务机关依据保证国家税款及时足额入库、方便纳税人以及降低税收成本的原则，确定税款征收的方式。

税务机关可以在税款征收中，根据不同情况，采取有针对性的措施，以确保税款征收的顺利进行，如图 1-34 所示。

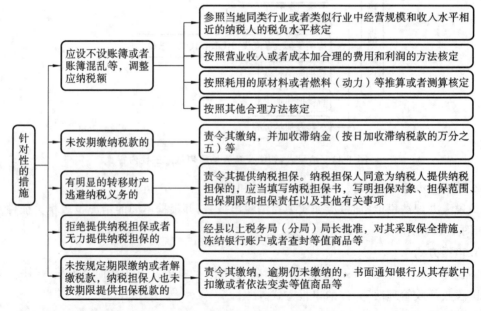

图 1-34　针对性的措施

二、主要税费的计算及缴纳

我国现行主要税费包括增值税、消费税、企业所得税、个人所得税、资源税、城市维护建设税、房产税、印花税、城镇土地使用税、土地增值税、车船税、车辆购置税、烟叶税、耕地占用税、契税、环境保护税、船舶吨税、关税、教育费附加和地方教育费附加。

(一)增值税计算和缴纳的基本知识

增值税指的是以从事销售货物,加工、修理修配劳务以及进口货物的单位及个人取得的增值额为计税依据征收的一种流转税。

1. 纳税人

增值税纳税人指的是在境内销售货物,加工、修理修配劳务以及进口货物的单位和个人。

2. 基本计算方法

增值税纳税人有小规模纳税人与一般纳税人。增值税的基本计算方法见表1-2。

表1-2 增值税的基本计算方法

项目	基本计算方法	说明
一般纳税人应纳税额	应纳税额＝当期销项税额－当期进项税额	1.基本税率:13%,销售或者进口货物(税法规定适用低税率的除外),销售加工、修理修配劳务,销售有形动产租赁服务;
增值税的当期销项税额指的是纳税人当期销售货物,加工、修理修配劳务,服务,无形资产或不动产时按照销售额和增值税税率计算并收取的增值税税额;增值税的当期进项税额指的是纳税人购进货物,加工、修理修配劳务,服务,无形资产或不动产,支付或者负担的增值税税额	销项税额＝销售额×税率	2.低税率:9%,销售或者进口粮食等农产品(各种植物、动物的初级产品)、食用植物油、食用盐,自来水、暖气、冷气、热水、煤气、石油液化气、天然气、二甲醚、沼气、居民用煤炭制品,图书、报纸、杂志、音像制品、电子出版物,饲料、化肥、农药、农机、农膜,交通运输、邮政、基础电信、建筑、不动产租赁服务,不动产、土地使用权,国务院规定的其他货物; 3.低税率:6%,除适用于上述基本税率和低税率(9%)以外的其他征税项目; 4.零税率:适用于纳税人出口货物(适用增值税零税率,但国务院另有规定的除外)及其他
小规模纳税人销售货物或提供应税劳务,按销售额及规定的征收率,实行简易办法计算应纳税额,不得抵扣进项税额	应纳税额＝销售额×征收率	小规模纳税人的增值税征收率一般规定为3%

3. 纳税义务发生时间

销售货物或提供应税劳务的纳税义务发生时间,为收讫销售款或取得索取销售款凭据的当天;先开具发票的,为开具发票的当天。进口货物的纳税义务发生时间为报关进口的当天。纳税义务发生时间如图1-35所示。

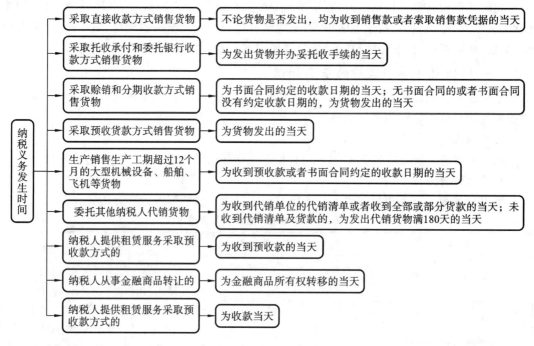

图1-35 纳税义务发生时间

4. 准予从销项税额中抵扣的进项税额

进项税额,是指纳税人购进货物、劳务、服务、无形资产或者不动产,支付或者负担的增值税额。准予从销项税额中抵扣的进项税额如图1-36所示。

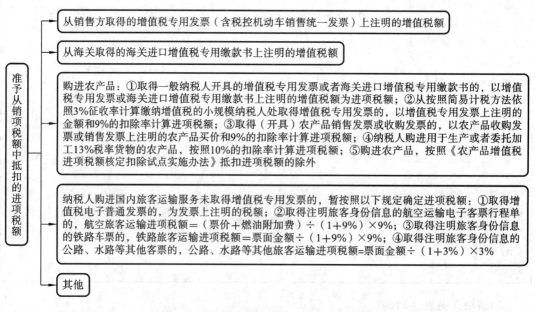

图1-36 准予从销项税额中抵扣的进项税额

5. 纳税期限及地点

增值税的纳税期限分别为1日、3日、5日、10日、15日、1个月或者1个季度。纳税人的具体纳税期限,由主管税务机关根据纳税人应纳税额的大小分别核定,如图1-37所示;不能按照固定期限纳税的,可以按次纳税。

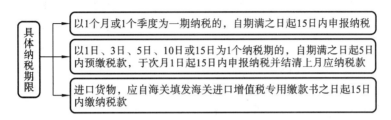

图 1-37　具体纳税期限

增值税纳税地点如图1-38所示。

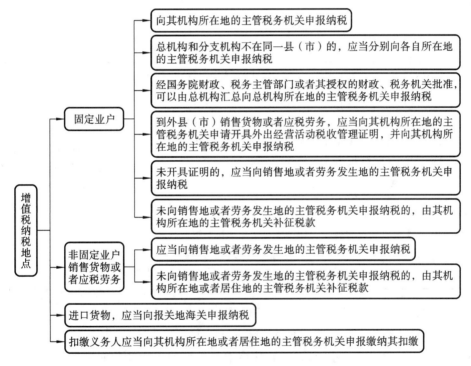

图 1-38　增值税纳税地点

(二)企业所得税计算和缴纳的基本知识

1. 纳税人

在中华人民共和国境内,企业和其他取得收入的组织(以下统称企业)为企业所得税的纳税人,依照《中华人民共和国企业所得税法》的规定缴纳企业所得税。企业所得税纳税人包括各类企业、事业单位、社会团体、民办非企业单位和从事经营活动的其他组织,不包括依照中国法律、行政法规成立的个人独资企业、合伙企业。

企业所得税采取收入来源地管辖权和居民管辖权相结合的双重管辖权,把企业分为居民企业和非居民企业,分别确定不同的纳税义务。居民企业,是指依法在中国境内成立,或者依照外国(地区)法律成立但实际管理机构在中国境内的企业。实际管理机构,是指对企业的生产经营、人员、账务、财产等实施实质性全面管理和控制的机构。非居民企业,是指依照外国(地区)法律成立且实际管理机构不在中国境内,但在中国境内设立机构、场所的,或者在中国境内未设立机构、场所但有来源于中国境内所得的企业。非居民企业委托营业代理人在中国境内从事生产经营活动的,包括委托单位或者个人经常代其签订合同,或者储存、交付货物等,该营业代理人视为非居民企业在中国境内设立的机构、场所。

企业所得税实行比例税率。居民企业以及在中国境内设立机构、场所且取得的所得与其所设机构、场所有实际联系的非居民企业,应当就其来源于中国境内、境外的所得缴纳企业所得税,适用税率为25%。非居民企业在中国境内未设立机构、场所的,或者虽设立机构、场所但取得的所得与其所设机构、场所没有实际联系的,应当就其来源于中国境内的所得缴纳企业所得税,适用税率为20%。

2. 基本计算方法

企业所得税的基本计算方法见表1-3。

表1-3 企业所得税的基本计算方法

项目	计算公式	说明
企业每一纳税年度的收入总额,减除不征税收入、免税收入、各项扣除以及允许弥补的以前年度亏损后的余额,为应纳税所得额	应纳税所得额=收入总额-不征税收入-免税收入-各项扣除-弥补的亏损	符合条件的小型微利企业,按20%的税率征收企业所得税;国家需要重点扶持的高新技术企业,按15%的税率征收企业所得税
应纳税所得额乘以适用税率,减除依照税法关于税收优惠的规定减免和抵免后的余额,为应纳税额	应纳税额=应纳税所得额×适用税率-减免和抵免的税额	

3. 纳税期限

企业所得税按纳税年度计算。纳税年度自公历1月1日起至12月31日止。企业在一个纳税年度中间开业或者终止经营活动,使该纳税年度的实际经营期不足12个月的,应当以其实际经营期为一个纳税年度。企业依法清算时,应当以清算期间作为一个纳税年度。企业所得税分月或者分季预缴。企业应当自月份或者季度终了之日起15日内,向税务机关报送预缴企业所得税纳税申报表,预缴税款。企业应当自年度终了之日起5个月内,向税务机关报送年度企业所得税纳税申报表,并汇算清缴,结清应缴、应退税款。企业在报送企业所得税纳税申报表时,应当按照规定附送财务会计报告和其他有关资料。企业在年度中间终止经营活动的,应当自实际经营终止之日起60日内,向税务机关办理当期企业所得税汇算清缴。企业应当在办理注销登记前,就其清算所得向税务机关申报并依法缴纳企业所得税。

（三）个人所得税计算和缴纳的基本知识

1. 纳税人

个人所得税纳税人如图 1-39 所示。

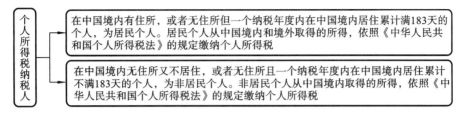

图 1-39　个人所得税纳税人

2. 征税范围

图 1-40 所示的各项个人所得为征税范围。

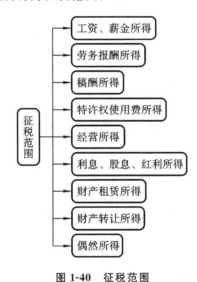

图 1-40　征税范围

提示：

居民个人取得征税范围第一项至第四项所得（以下称综合所得），按纳税年度合并计算个人所得税；非居民个人取得征税范围第一项至第四项所得，按月或者按次分项计算个人所得税。纳税人取得征税范围第五项至第九项所得，依照《中华人民共和国个人所得税法》的规定分别计算个人所得税。

3. 纳税计算

工资、薪金所得指的是个人因任职或者受雇而取得的工资、薪金、奖金、年终加薪、劳动分红、津贴、补贴以及与任职或者受雇有关的其他所得。工资、薪金所得实行按月计征的办法，按照《中华人民共和国个人所得税法》，从 2018 年 9 月 1 日起，工资、薪金所得以个人每月收入额固定减除 5000 元费用后的余额为应纳税所得额。应纳税额的计算公式为

$$应纳税额＝应纳税所得额×适用税率－速算扣除数$$

个人所得税的税率有以下几种情况。

(1)综合所得,适用3%~45%的超额累进税率(见表1-4)。
(2)经营所得,适用5%~35%的超额累进税率(见表1-5)。
(3)利息、股息、红利所得,财产租赁所得,财产转让所得和偶然所得,适用比例税率,税率为20%。

表1-4 个人所得税税率表(综合所得适用)

级数	全年应纳税所得额	税率/(%)
1	不超过36 000元的部分	3
2	36 000元至144 000元的部分	10
3	144 000元至300 000元的部分	20
4	300 000元至420 000元的部分	25
5	420 000元至660 000元的部分	30
6	660 000元至960 000元的部分	35
7	超过960 000元的部分	45

注:1.本表所称全年应纳税所得额是指依照《中华人民共和国个人所得税法》第六条的规定,居民个人取得综合所得以每一纳税年度收入额减除费用六万元以及专项扣除、专项附加扣除和依法确定的其他扣除后的余额。
2.非居民个人取得工资、薪金所得,劳务报酬所得,稿酬所得和特许权使用费所得,依照本表按月换算后计算应纳税额。

表1-5 个人所得税税率表(经营所得适用)

级数	全年应纳税所得额	税率/(%)
1	不超过30 000元的部分	5
2	30 000元至90 000元的部分	10
3	90 000元至300 000元的部分	20
4	300 000元至500 000元的部分	30
5	超过500 000元的部分	35

注:本表所称全年应纳税所得额是指依照《中华人民共和国个人所得税法》第六条的规定,以每一纳税年度的收入总额减除成本、费用以及损失后的余额。

扣缴义务人在向个人支付工资、薪金所得时,应依照税法规定代扣税款,按时缴库,并专项记载备查。纳税义务人有以下情形之一的,应当按照规定到主管税务机关办理纳税申报:年所得12万元以上的;从中国境内两处或者两处以上取得工资、薪金所得的;从中国境外取得所得的;取得应纳税所得,没有扣缴义务人的;国务院规定的其他情形。

工资、薪金所得的税款,按月计征,纳税人应在取得应纳税所得的次月15日内向主管税务机关申报所得并缴纳税款。

(四)城市维护建设税计算和缴纳的基本知识

城市维护建设税税款专门用于城市的公用事业和公共设施的维护建设。

1. 纳税人

城市维护建设税纳税人如图1-41所示。

```
城市维护建设税纳税人 ─┬─ 在中华人民共和国境内缴纳增值税、消费税的单位和个人
                      └─ 单位,是指各类企业(含外商投资企业、外国企业)、行政单位、事业单位、军事团体、社会团体及其他单位。个人,是指个体工商户和其他个人(含外籍个人)
```

图 1-41　城市维护建设税纳税人

2. 基本计算方法

城市维护建设税的基本计算方法见表 1-6。

表 1-6　城市维护建设税的基本计算方法

计税依据	计算方法	说明
城市维护建设税的计税依据是纳税人依法实际缴纳的增值税、消费税税额。城市维护建设税计税依据的具体确定办法,由国务院依据有关税收法律、行政法规的规定,报全国人民代表大会常务委员会备案。城市维护建设税的计税依据应当按照规定扣除期末留抵退税退还的增值税税额	应纳税额＝计税依据×适用税率	城市维护建设税按照纳税人所在地不同,设置了三档地区差别比例税率:纳税人所在地为城市市区的,税率为7%;纳税人所在地为县城、建制镇的,税率为5%;纳税人所在地不在城市市区、县城、建制镇的,税率为1%

城市维护建设税的纳税义务发生时间与增值税、消费税的纳税义务发生时间一致,分别与增值税、消费税同时缴纳。城市维护建设税的扣缴义务人为负有增值税、消费税扣缴义务的单位和个人,在扣缴增值税、消费税的同时扣缴城市维护建设税。

(五)房产税和城镇土地使用税计算及缴纳的基本知识

房产税和城镇土地使用税计算及缴纳的基本知识见表 1-7。

表 1-7　房产税和城镇土地使用税计算及缴纳的基本知识

项目	房产税	城镇土地使用税
概念	以房屋为征税对象,以房屋的计税余值或租金收入为计税依据,向房屋产权所有人征收的一种财产税	以城镇土地为征税对象,对拥有土地使用权的单位和个人征收的一种税
纳税人	房产税由产权所有人缴纳。产权属于国家所有的,由经营管理的单位缴纳。产权出典的,由承典人缴纳。产权所有人、承典人不在房产所在地的,或者产权未确定及租典纠纷未解决的,由房产代管员或者使用人缴纳。产权所有人、经营管理单位、承典人、房产代管人或者使用人,统称为纳税义务人(以下简称纳税人)	城镇土地使用税的纳税人是指在税法规定的征税范围内使用土地的单位和个人。城镇土地使用税由拥有土地使用权的单位或个人缴纳。拥有土地使用权的纳税人不在土地所在地的,由代管人或实际使用人缴纳。土地使用权未确定或权属纠纷未解决的,由实际使用人纳税。土地使用权共有的,由共有各方分别纳税

续表

项目	房产税	城镇土地使用税
征税范围	城市、县城、建制镇和工矿区的房屋,独立于房屋之外的建筑物,如围墙、烟囱、水塔、菜窖、室外游泳池等不征房产税。房地产开发企业建造的商品房,在出售前,不征收房产税,但出售前房地产开发企业已使用或出租、出借的商品房应当按规定征收房产税	凡在城市、县城、建制镇、工矿区范围内的土地,不论是国家所有的土地,还是集体所有的土地,都是城镇土地使用税的征税对象。城镇土地使用税的征税范围为城市、县城、建制镇、工矿区
计算公式	从价计征的房产税,应纳税额的计算公式为应纳税额=应税房产原值×(1-扣除比例)×1.2%;从租计征的房产税,应纳税额的计算公式为应纳税额=租金收入×12%(或4%)。房产税在房产所在地缴纳,实行按年计算、分期缴纳的征收方法	城镇土地使用税的计税依据是纳税人实际占用的土地面积,计算公式为年应纳税额=实际占用应税土地面积(平方米)×适用税额
说明	房产税依照房产原值一次减除10%~30%后的余值计算缴纳。具体减除幅度,由省、自治区、直辖市人民政府规定。没有房产原值作为依据的,由房产所在地税务机关参考同类房产核定。房产出租的,以房产租金收入为房产税的计税依据。房产税采用比例税率,依照房产余值从价计征的,税率为1.2%;依照房产租金收入计征的,税率为12%(居民住宅出租,税率为4%)	税法对大城市、中等城市、小城市、县城、建制镇、工矿区等适用城镇土地使用税税率做了具体规定。城镇土地使用税按年计算、分期缴纳。税法对城镇土地使用税纳税地点等做了具体规定

(六)教育费附加计算和缴纳的基本知识

教育费附加与地方教育附加的纳税人为税法规定征收增值税、消费税的单位和个人,包括外商投资企业、外国企业及外籍个人。教育费附加与地方教育附加以纳税人实际缴纳的增值税、消费税税额之和为计征依据。按照1994年2月7日《国务院关于教育费附加征收问题的紧急通知》的规定,现行教育费附加征收比率为3%。根据《财政部关于统一地方教育附加政策有关问题的通知》的规定,现行地方教育附加征收比率为2%。

任务五 会计法律责任

一、违反会计法规行为的法律责任

《中华人民共和国会计法》第四十条规定,有图1-42所示的行为之一的,由县级以上人民政府财政部门责令限期改正,给予警告、通报批评,对单位可以并处二十万元以下的罚款,对其直接负责的主管人员和其他直接责任人员可以处五万元以下的罚款;情节严重的,对单位可以并处二十万元以上一百万元以下的罚款,对其直接负责的主管人员和其他直接责任人员可以处五万元以上五十万元以下的罚款;属于公职人员的,还应当依法给予处分。构成犯罪的,依法追究刑事责任。会计人员有图1-42所列行为之一,情节严重的,五年内不得从事会计工作。有关法律对图1-42所列行为的处罚另有规定的,依照有关法律的规定办理。

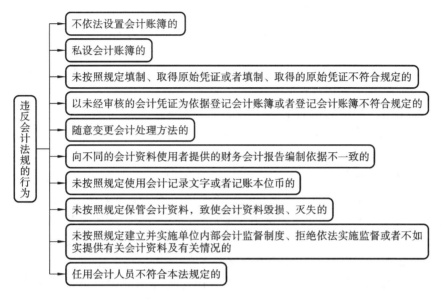

图1-42　违反会计法规的行为

二、伪造、变造会计资料的法律责任

（一）概念

伪造、变造会计资料的概念如图1-43所示。

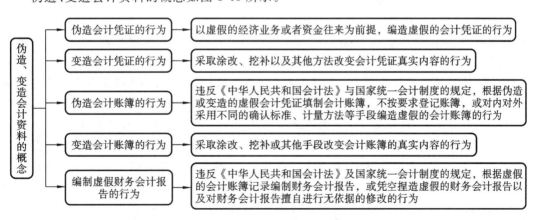

图1-43　伪造、变造会计资料的概念

（二）行政责任与法律责任

1. 行政责任

《中华人民共和国会计法》第四十一条规定:伪造、变造会计凭证、会计账簿,编制虚假财务会计报告的,由县级以上人民政府财政部门责令限期改正,给予警告、通报批评,没收违法所得,违法所得二十万元以上的,对单位可以并处违法所得一倍以上十倍以下的罚款,没有违法所得或者违法所得不足二十万元的,可以并处二十万元以上二百万元以下的罚款;对其直接负责的主管人员和其他直接责任人员可以处十万元以上五十万元以下的罚款,情节严重的,可以处五十万元以上二百万元以下的罚款;属于公职人员的,还应当依法给予处分;其中的会计人员,五年内不得从事会计工作;构成犯罪的,依法追究刑事责任。

2. 刑事责任

对于伪造、变造会计凭证、会计账簿,编制虚假财务会计报告的行为,《中华人民共和国刑法》明确为犯罪的,主要有以下几种情况。

(1)根据《中华人民共和国刑法》第一百六十一条的规定,公司向股东和社会公众提供虚假的或者隐瞒重要事实的财务会计报告,严重损害股东或者其他人利益的,对其直接负责的主管人员和其他直接责任人员,处5年以下有期徒刑或者拘役,并处或者单处罚金。

(2)根据《中华人民共和国刑法》第二百二十九条的规定,承担资产评估、验资、验证、会计、审计、法律服务等职责的中介组织的人员故意提供虚假证明文件(包括虚假的财务会计报告),情节严重的,处5年以下有期徒刑或者拘役,并处罚金。上述人员索取他人财物或者非法收受他人财物构成犯罪的,处5年以上10年以下有期徒刑或者拘役,并处罚金。

此外,若行为人为虚报注册资本、虚假出资、抽逃出资、贪污、挪用公款、侵占企业财产、私分国有资产、私分罚没财物,实施伪造、变造会计凭证、会计账簿或编制虚假财务会计报告的行为,应按照《中华人民共和国刑法》的有关规定分别定罪、处罚。

三、隐匿、故意销毁会计资料的法律责任

隐匿指是用隐藏、转移、封锁等手段掩盖会计资料,以躲避执法部门的监督检查,掩盖犯罪事实。故意销毁指的是明知销毁会计资料的后果而仍然采取烧毁、撕毁等手段,有意识地损坏、毁灭会计凭证、会计账簿以及财务报告的行为。

《中华人民共和国会计法》第四十一条规定:隐匿或者故意销毁依法应当保存的会计凭证、会计账簿、财务会计报告,由县级以上人民政府财政部门责令限期改正,给予警告、通报批评,没收违法所得,违法所得二十万元以上的,对单位可以并处违法所得一倍以上十倍以下的罚款,没有违法所得或者违法所得不足二十万元的,可以并处二十万元以上二百万元以下的罚款;对其直接负责的主管人员和其他直接责任人员可以处十万元以上五十万元以下的罚款,情节严重的,可以处五十万元以上二百万元以下的罚款;属于公职人员的,还应当依法给予处分;其中的会计人员,五年内不得从事会计工作;构成犯罪的,依法追究刑事责任。

《中华人民共和国刑法》第一百六十二条规定:隐匿或者故意销毁依法应当保存的会计凭证、会计账簿、财务会计报告,情节严重的,处五年以下有期徒刑或者拘役,并处或者单处二万元以上二十万元以下罚金。单位犯前款罪的,对单位判处罚金,并对其直接负责的主管人员和其他直接责任人员,依照前款的规定处罚。

四、授意、指使、强令他人伪造、变造或隐匿、销毁会计资料的法律责任

《中华人民共和国会计法》第四十二条规定:授意、指使、强令会计机构、会计人员及其他人员伪造、变造会计凭证、会计账簿,编制虚假财务会计报告或者隐匿、故意销毁依法应当保

存的会计凭证、会计账簿、财务会计报告的,由县级以上人民政府财政部门给予警告、通报批评,可以并处二十万元以上一百万元以下的罚款;情节严重的,可以并处一百万元以上五百万元以下的罚款;属于公职人员的,还应当依法给予处分;构成犯罪的,依法追究刑事责任。

根据《中华人民共和国刑法》的有关规定,授意、指使、强令会计机构、会计人员及其他人员伪造、变造会计凭证、会计账簿,编制虚假财务会计报告或者隐匿、故意销毁依法应当保存的会计凭证、会计账簿、财务会计报告,应当作为伪造、变造会计凭证、会计账簿,编制虚假财务会计报告或者隐匿、故意销毁依法应当保存的会计凭证、会计账簿、财务会计报告的共同犯罪,定罪处罚。

项目二　企业会计单项实训

职业能力目标

知识目标：
1. 了解原始凭证填制及审核的相关要求。
2. 了解记账凭证填制及审核的相关要求。
3. 了解明细账设置与登记的相关要求。
4. 了解总账设置与登记的相关要求。
5. 了解会计报表的编制分析与会计档案的管理。

能力目标：
1. 准确掌握原始凭证填制及审核的实务操作。
2. 准确掌握记账凭证填制及审核的实务操作。
3. 准确掌握总账、明细账设置及登记的实务操作。
4. 准确掌握错账更正方法。
5. 准确掌握会计报表编制。
6. 熟悉会计档案管理规定。

素养目标：
1. 培养学生精益求精的工匠精神。
2. 培养学生遵守职业道德、爱岗敬业的职业精神。
3. 培养学生积极合作、勇于创新的团队精神。

· 内容导读 ·

　　本项目主要包括原始凭证的填制与审核实训、记账凭证的填制与审核实训、会计账簿的设置与登记实训、会计报表编制与档案管理实训等内容。通过本项目实训，学生应熟练掌握原始凭证的填制、审核，记账凭证的填制、审核，总账、明细账的设置、登记，会计报表的编制等基本技能，为从事会计工作并实现快速上岗奠定良好的技能基础。

任务一 会计凭证的填制与审核实训

一、原始凭证的填制

（一）基础知识

原始凭证是用于记录经济业务发生或完成情况的证明文件，其种类繁多。原始凭证可以根据不同分类标准分为多种类型，如外来原始凭证、自制原始凭证，一次凭证、累计凭证、汇总凭证，通用凭证和专用凭证等。

在会计核算工作中，原始凭证的取得和填制是至关重要的环节。根据《中华人民共和国会计法》的规定，办理经济业务事项的单位和个人都必须填制或取得原始凭证并及时送交会计机构。

原始凭证的基本内容如图 2-1 所示。

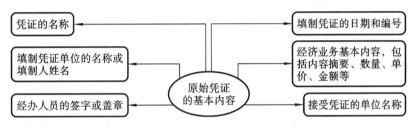

图 2-1 原始凭证的基本内容

原始凭证填制应符合以下要求。

1. 记录要真实

原始凭证要真实记录经济业务的内容，不允许有任何歪曲和弄虚作假行为，确保原始凭证的真实可靠。

2. 内容要完整

原始凭证要求填写的项目要逐项填写齐全，不得缺漏；年、月、日要按填制原始凭证的实际日期填写；名称要写全，不能简化；品名或者用途要填写明确；有关人员的签章必须齐全。

3. 手续要完备

从外部取得的原始凭证，必须盖有填制单位的公章；从个人取得的原始凭证，必须有填制人员的签名或者盖章；自制原始凭证必须有经办部门负责人或者其指定人员的签名或者盖章；对外开出的原始凭证必须加盖本单位的公章。

4. 书写要清楚、规范

填制原始凭证时，文字要简明、字迹要清楚，易于辨认，按规定格式逐项填写，不得随意简化或省略。

文字、数字要规范，不得使用未经国务院公布的简化字。阿拉伯数字要按要求书写，要逐个书写,不得连笔;小写数字前应当有货币币种符号,如人民币符号"¥"、美元符号"$",币种符号与小写金额之间不留空白;所有以"元"为单位的阿拉伯数字,除表示单价等情况外,一律填写到"角""分",未到"角""分"的要添零补位,不得用符号"—"代替。汉字大写金额一律用零、壹、贰、叁、肆、伍、陆、柒、捌、玖、拾、佰、仟、万、亿等,用正楷书写;金额在"元"或者"角"之后是零的,大写应在"元"或者"角"字之后写"整"字,"分"位上有数字的,"分"后不写"整"字;大写金额数字前应当加填货币名称,如"人民币"等,货币名称与金额数字之间不得留有空白。

5. 填制要及时

在每项经济业务发生或完成后,必须及时填制原始凭证,做到不拖延、不积压,按规定的程序及时送交会计机构,以确保会计核算工作的正常进行。

6. 编号要连续

预先印有号码的原始凭证要连续使用,不得跳号。写错作废时应加盖"作废"戳记,连同存根一起保存,不得撕毁。

7. 不得涂改、刮擦、挖补

从外部取得的原始凭证有错误的,应退回原填制单位更正或重开,更正处应当盖出具单位印章。原始凭证金额有错误的,应由出具单位重新填开,不得在原始凭证上更正。

(二)实训

1. 实训目的

通过实训使学生掌握原始凭证的基本内容、取得和填制方法以及会计凭证传递程序。

2. 实训资料

大连机床厂为一家股份制企业(下同),增值税税率为13%。2023年9—11月发生的有关经济业务如下。

(1)2023年9月23日,签发转账支票一张,用于支付行政管理部门报销购入办公用纸费用。

【业务要求】按经济业务填写支票。

(2) 2023年9月28日,采用提货制销售一批产品,销售部业务员开出增值税电子专用发票。沈阳化工总厂采购员持发票至财务部,以转账支票办理货款结算,出纳员收取支票后,当日送存银行办理转账。

电子发票（增值税专用发票）

发票号码：23912000000017848788
开票日期：2023年9月28日

购买方信息	名称：沈阳化工总厂 统一社会信用代码/纳税人识别号：124786965243565			销售方信息	名称：大连机床厂 统一社会信用代码/纳税人识别号：120102010405792		
项目名称	规格型号	单位	数量	单价	金额	税率/征收率	税额
机床	G320	台	2	20 000	40 000	13%	5 200.00
合计					¥40 000.00		¥5 200.00
价税合计(大写)	⊗肆万伍仟贰佰元整				(小写) ¥45 200.00		
备注	购方开户银行：中国工商银行星海支行；银行账号：167234607890 销方开户银行：中国工商银行和平区支行；银行账号：178900122159 收款人：林苗苗　复核人：张丽						

开票人：张强

【业务要求】填写支票与进账单。

ICBC 中国工商银行进账单（收账通知） 3

2023 年 9 月 28 日　　　　　　　　　　　　　　　　第 30 号

收款人	全称		付款人	全称		此联是收款人开户银行交给收款人的收账通知
	账号			账号		
	开户银行			开户银行	千百十万千百十元角分	
金额	人民币（大写）					
票据种类		票据张数				
票据号码						
		复核　　　记账			收款人开户行盖章	

（盖章：中国工商银行大连分行星海支行 2023.9.28 转讫）

注：进账单一式三联，第一联是银行交给收款人的回单，第二联由收款人开户银行作贷方凭证，第三联是收款人开户银行交给收款人的收账通知。

(3)2023 年 10 月 10 日，出纳员把多余库存现金 8 000 元送存银行。
【业务要求】填写现金缴款单（面额 100 元，80 张）。

ICBC 中国工商银行　现金缴款单（回单）①

年　月　日

收款单位	全称			款项来源		第一联由银行盖章后退回单位
	账号		开户银行	交款单位		
人民币（大写）：					千百十万千百十元角分	
辅币	券别	伍角	壹角	伍分	壹分	收款员 收讫 复核员
	张数					
主币	券别	壹佰元	伍拾元	拾元	伍元	壹元
	张数					

注：现金缴款单一式三联，第二联由收款人开户银行作贷方凭证，第三联出纳留存。

(4)2023 年 11 月 5 日，销售业务员林颖报销差旅费。原借款 7 000 元，余款退回。出纳员张强开出收据一张。

差旅费报销单
2023 年 11 月 5 日

单位领导：李乐　　　财会主管：李墨　　　公出人姓名：林颖　　　审核人：王林

姓名			林颖			出差事由	参加产品展销会					
出发地			到达地			公出补助		车船飞机费	卧铺	住宿费	市内车费	邮电费	其他	合计金额
月	日	时	地点	月	日	时	地点	天数	标准	金额							
10	20		大连	10	20		上海	15	50	750	800		3 000	500		500	5 550
11	5		上海	11	5		大连				1 000						1 000
合计人民币（大写）：陆仟伍佰伍拾元整																￥6 550.00	
备注																	

【业务要求】根据差旅费报销单填写收据。

收 据

2023 年 11 月 5 日　　　　　　　　第 20 号

今收到			
人民币（大写）		（小写）	
事　由：		现　金	
		支票第　　号	
收款单位	财务主管	收款人	

注：收据一般一式三联，第一联为存根，第二联为记账凭证，第三联为收据。

（5）2023 年 11 月 25 日，本月制造费用账户借方发生额为 100 000 元，G320 型机床所用生产工时为 2 000 小时，G330 型机床所用生产工时为 6 000 小时。

【业务要求】根据产品生产工时比例分配本月制造费用，编制制造费用分配表。

制造费用分配表

车间：　　　　　　　　　　2023 年 11 月

分配对象	分配标准 （生产工时）	分配率	分配金额
G320 型机床	2 000		
G330 型机床	6 000		

制表：刘晓娜　　　　　　　　　　　　　　　　审核：张洁

（6）2023 年 11 月 25 日，本月领料凭证如下（假设全部用于 G330 生产机床）。

领料单位：生产车间　　　　　　领料单　　　　　　　　　编号 2453
用　途：生产机床　　　2023 年 11 月 25 日　　　　　　仓库：1 号库

材料类别	材料编号	材料名称及规格	计量单位	数量 请领	数量 实领	单价	金额
原料	040515	钢材	t	3	3	5 000.00	15 000.00
辅助材料	060428	机油	kg	4	3	530.00	1 590.00
合计							16 590.00

记账：张霞　　　　发料：陈深　　　领料部门负责人：张峰　　　领料人：李小阳

领料单位：生产车间　　　　　　领料单　　　　　　　　　编号 2454
用　途：生产机床　　　2023 年 11 月 25 日　　　　　　仓库：1 号库

材料类别	材料编号	材料名称及规格	计量单位	数量 请领	数量 实领	单价	金额
原料	040520	铝材	t	4	4	24 000.00	96 000.00
合计							96 000.00

记账：张霞　　　　发料：陈深　　　领料部门负责人：张峰　　　领料人：李小阳

领料单位:企管部　　　　　　　　　　　　　**领料单**　　　　　　　　　　　　　编号 **2455**
用　　途:维修　　　　　　　　　　　　 2023 年 11 月 25 日　　　　　　　　　　 仓库:1 号库

材料类别	材料编号	材料名称及规格	计量单位	数量		单价	金额
				请领	实领		
备件	070920	螺丝	个	25	25	15.00	375.00
合计							375.00

记账:张霞　　　　　　发料:陈深　　　　　　领料部门负责人:张峰　　　　　　领料人:李小阳

领料单位:生产车间　　　　　　　　　　　　**领料单**　　　　　　　　　　　　　编号 **2456**
用　　途:车间一般耗用　　　　　　　　 2023 年 11 月 25 日　　　　　　　　　　 仓库:1 号库

材料类别	材料编号	材料名称及规格	计量单位	数量		单价	金额
				请领	实领		
辅助材料	060312	电缆	m	200	200	7.00	1 400.00
合计							1 400.00

记账:张霞　　　　　　发料:陈深　　　　　　领料部门负责人:张峰　　　　　　领料人:李小阳

领料单位:生产车间　　　　　　　　　　　　**领料单**　　　　　　　　　　　　　编号 **2457**
用　　途:生产机床　　　　　　　　　　 2023 年 11 月 25 日　　　　　　　　　　 仓库:2 号库

材料类别	材料编号	材料名称及规格	计量单位	数量		单价	金额
				请领	实领		
原料	050413	铁皮	m²	20	20	96.00	1 920.00
合计							1 920.00

记账:张霞　　　　　　发料:陈深　　　　　　领料部门负责人:张峰　　　　　　领料人:李小阳

领料单位:生产车间　　　　　　　　　　　　**领料单**　　　　　　　　　　　　　编号 **2457**
用　　途:生产机床　　　　　　　　　　 2023 年 11 月 25 日　　　　　　　　　　 仓库:2 号库

材料类别	材料编号	材料名称及规格	计量单位	数量		单价	金额
				请领	实领		
备件	070620	小型电机	台	1	1	2 000.00	2 000.00
合计							2 000.00

记账:张霞　　　　　　发料:陈深　　　　　　领料部门负责人:张峰　　　　　　领料人:李小阳

领料单位:生产车间			限额领料单				发料仓库:2号库2457	
用　途:生产机床			2023年11月25日				编号:010402	
材料类别	材料编号	材料名称及规格	计量单位	数量		单价	金额	
				请领	实领			
备件	070620	小型电机	台	1	1	2 000.00	2 000.00	
合计							2 000.00	

记账:张霞　　　　　发料:陈深　　　　　领料部门负责人:张峰　　　　　领料人:李小阳

【业务要求】根据本月领料凭证编制本月发料凭证汇总表。

(7)月末,工资结算汇总表如下。

工资结算汇总表

2023年11月份

车间和部门	应付职工薪酬					代扣款项		实发金额
	月标准工资	奖金	津贴补贴	缺勤扣发	应付工资合计	应交个人所得税	合计	
生产车间	174 000.00	15 400.00	13 500.00	1 420.00	201 480.00	7 460.00	7 460.00	194 020.00
车间管理人员	26 200.00	1 200.00	1 600.00	650.00	28 350.00	850.00	850.00	27 500.00
厂部管理人员	42 680.00	2 650.00	1 420.00	980.00	45 770.00	350.00	350.00	45 420.00
销售部人员	167 800.00	3 150.00	5 600.00	800.00	175 750.00	1 030.00	1 030.00	174 720.00
后勤及仓库管理人员	26 570.00	800.00	2 750.00	680.00	29 440.00	300.00	300.00	29 140.00
合计	437 250.00	23 200.00	24 870.00	4 530.00	480 790.00	9 990.00	9 990.00	470 800.00

主管:王亚伟　　　　　　　　　审核:王芳　　　　　　　　　制表:宋阳

【业务要求】在月末,按照工资结算汇总表编制本月工资费用分配汇总表(产品生产成本按照工时比例分配,G320型机床∶G330型机床＝1∶3)。

3.实训任务

(1)按照以上经济业务要求填制相关原始凭证。

(2)辨别以上各项经济业务原始凭证的来源渠道,思考会计凭证传递的程序。

4.实训要求

按照资料列示的经济业务的有关原始单据,正确填制原始凭证,要求内容完整、书写规范且签章齐全。

5.实训总结

学生在实训中领会原始凭证的概念、种类及其重要性,掌握原始凭证书写技能(如如何填写大小写金额、日期、收付款人等,以及如何填写相关的数据表格),体会从记账人员角度出发处理具体的会计业务以及如何与其他岗位配合。

二、原始凭证的审核

(一)基础知识

根据《中华人民共和国会计法》的规定,对原始凭证进行审核,是确保会计资料质量的重要措施之一,也是会计机构、会计人员的重要职责。

只有审核无误的原始凭证才可作为填制记账凭证的依据。做好原始凭证审核,会计人员不仅要精通会计业务,熟悉有关政策法规制度,了解本单位的生产经营活动,而且要具有高度的责任感,有发现问题时敢于坚持原则的职业精神。

1. 审核的内容

原始凭证的审核的内容如图 2-2 所示。

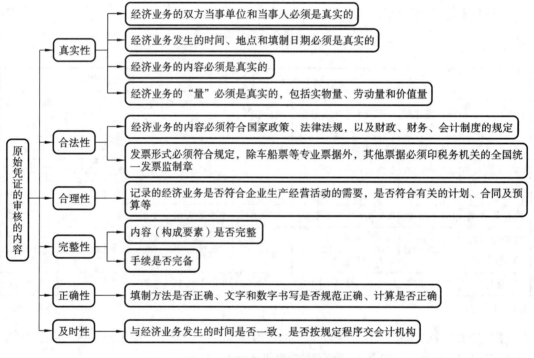

图 2-2 原始凭证的审核的内容

注意:

具体来说,原始凭证完整性审核要注意以下几点。

(1)原始凭证的内容(构成要素)必须齐备,如凭证的名称、填制凭证的日期、填制和接受凭证的单位或个人,经济业务的内容和有关人员的签章等都齐备。

(2)从外单位取得的原始凭证,必须有填制单位的公章;从个人取得的原始凭证,必须有填制人员的签名或盖章;自制原始凭证必须有经办单位负责人或其指定人员的签名或盖章;对外开出的原始凭证必须加盖本单位公章。

(3)填有大写和小写金额的原始凭证,大写与小写金额必须相符。

(4)一式几联的原始凭证,应当注明各联用途,只能以其中的一联作为报销凭证。

(5)发生销货退回时,除填制退货发票外,退款时必须取得对方的收款收据或银行的结算凭证,不得以退货发票代替收据。

(6)职工因公出差的借款收据,必须附在记账凭证上。收回借款时,应另开收据或退还借据副本,不得退还原借款收据。

(7)经过上级批准的经济业务,应将批准文件作为原始凭证附件,批准文件需要单独归档的,应在原始凭证上注明批准机关名称、日期及文件字号。

2. 审核后的处理

原始凭证经过审核之后,应根据不同的审核结果,进行不同的处理,如图 2-3 所示。

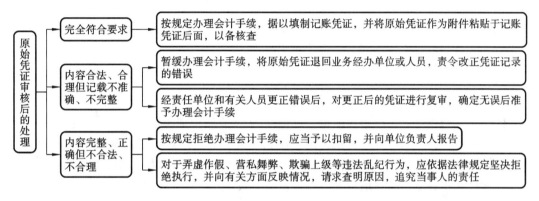

图 2-3 原始凭证审核后的处理

(二)实训

1. 实训目的

掌握原始凭证的审核内容。

2. 实训资料

大连机床厂 2023 年 6 月份发生的 5 项经济业务涉以下原始凭证。

(1)业务员张林将于 6 月 10 日赴上海产品展销会,在 6 月 1 日填写借款单一份,预借差旅费。

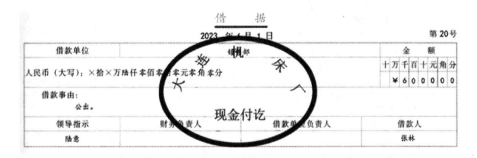

【业务要求】核对上述原始凭证是否有错误,如果有错误请指出。

(2)6月5日,后勤部持发票报销以现金支付的汽车加油费用。

【业务要求】核对上述原始凭证是否有错误,如果有错误请指出。

(3)业务员张林于6月25日出差回厂报销差旅费。该厂财务管理制度规定,公出差旅住宿标准为每人每日200元,伙食补助标准为每人每日50元,市内车费补助标准为每日60元。张林根据相关原始单据填写差旅费报销单一张(附单据20张略)。

差旅费报销单

2023 年 10 月 20 日

单位领导:李乐　　　财会主管:李墨　　　公出人姓名:张林　　　审核人:王林

姓名			林颖			出差事由		洽谈业务				
出发地			到达地			公出补助		车船飞机费	卧铺	住宿费	市内车费	邮电费	其他	合计金额
月	日	时	地点	月	日	时	地点	天数	标准	金额							
6	10		大连	6	13		长春	3	50	150	304		600	180			1 234
6	13		长春	6	16		南京	3	50	150	1 400		600	180			2 330
6	16		南京	6	19		上海	3	50	150	150		600	180			1 080
6	19		上海	6	23		苏州	4	50	200	42		800	240			1 282
6	23		苏州	6	24		大连				42+900						942
合计人民币(大写):陆仟捌佰陆拾捌元整																	¥6 868.00
备注																	

【业务要求】核对上述原始凭证是否有错误,如果有错误请指出。

(4)6月28日,办公室行政人员凭收据支付给某印刷厂资料印刷费397元。

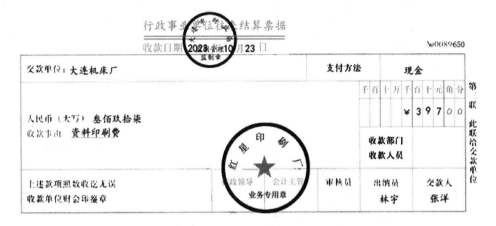

【业务要求】核对上述原始凭证是否有错误,如果有错误请指出。

(5)6月30日,因排污被处罚款2 500元,环保站工作人员开来罚款收据一张。

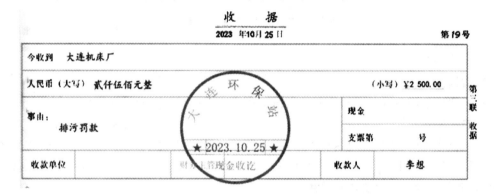

【业务要求】核对上述收据是否有错误,如果有错误请指出。

3. 实训任务

按照以上实训资料业务要求对原始凭证进行审核,并指出存在的问题。

4. 实训要求

(1)在内容上对原始凭证记载的经济业务进行审核。检查各项经济业务是否有不合理之处,在哪些方面违背了有关法规、政策、财经纪律、制度的规定。

(2)在形式上对原始凭证的填写情况进行审核。检查项目填写是否完整、计算是否准确、手续是否完备。

5. 实训总结

学生通过实训充分认识在实际工作中原始凭证审核环节的注意事项,进一步理解如何加强对原始凭证的管理和处理,确保其准确性和完整性,保证会计资料的质量。

三、记账凭证的填制

(一)基础知识

记账凭证是财会部门根据原始凭证填制、记载经济业务简要内容、确定会计分录,用来登记会计账簿的凭证。记账凭证按其用途可以分为专用记账凭证和通用记账凭证。专用记账凭证又可以分为收款凭证、付款凭证和转账凭证。记账凭证按其填列会计科目的数目可以分为单式记账凭证和复式记账凭证。记账凭证按其包括的内容可以分为单一记账凭证、汇总记账凭证和科目汇总表。

记账凭证的填制的基础知识如图 2-4 所示。

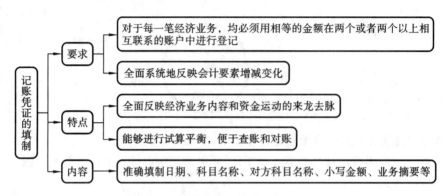

图 2-4　记账凭证的填制的基础知识

(二)实训

1. 实训目的

通过实训了解各种不同经济业务的原始凭证,掌握记账凭证的填制方法。

2. 实训资料

大连机床厂(增值税一般纳税人企业)于 2023 年 11 月 11 日—30 日发生的部分经济业务及其原始凭证如下。(考虑到循序渐进的实训学习,涉及增值税的会计科目填制要求到明细科目,其他会计科目只要求到总账科目。)

(1)11 月 11 日,大连机床厂向银行借款,存入银行存款户,借款借据如下。

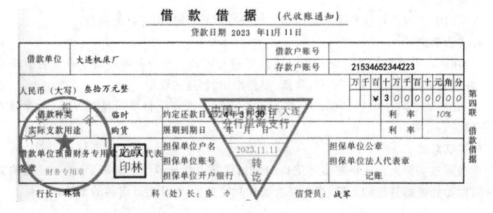

【业务要求】准确填制记账凭证。

(2)11 月 12 日,大连机床厂开出转账支票购入刀具检测仪,已验收并交付使用(增值税当月符合抵扣规定已抵扣)。

中国工商银行
转账支票存根
№ 03435563

附加信息

出票日期 2023年11月12日

收款人：精控机电有限公司

金　额：￥26 555

用　途：购买仪器

单位主管　李梦　　会计　任毅

电子发票（增值税专用发票）

发票号码：23912000000017848788
开票日期：2023年11月12日

购买方信息	名称：大连机床厂 统一社会信用代码/纳税人识别号：120102010405792	销售方信息	名称：精控机电有限公司 统一社会信用代码/纳税人识别号：124757378956218

项目名称	规格型号	单位	数量	单价	金额	税率/征收率	税额
刀具检测仪	3250	台	10	2 350	23 500.00	13%	3 055.00
合　计					￥23 500.00		￥3 055.00
价税合计（大写）	⊗ 贰万陆仟伍佰伍拾伍元整				（小写）￥26 555.00		

备注：购方开户银行：中国工商银行中山区支行；银行账号：156022288005
销方开户银行：中国工商银行星海支行；银行账号：167234607890
收款人：孟鹤　复核人：张花

开票人：武丹

大连机床厂
固定资产验收单
2023 年 11 月 12 日

资产编号	2023118209	资产名称	刀具检测仪
规格型号	3250	购置时间	2023 年 11 月
资产数量	10 台 单价（元） 2 350	总价（元）	23 500
生产厂家	精控机电有限公司	出厂日期	20230812
资产使用部门	生产车间	资产管理人	李双
资产放置地点	生产车间		
资产验收情况	合格		

使用部门主管：张峰　　会计主管：李墨　　采购部门主管：徐德　　采购员：刘旭阳

【业务要求】准确填制记账凭证。

(3)11月16日,大连机床厂开出转账支票支付通信费。

中国工商银行
转账支票存根
№ 03435589

附加信息

出票日期 2023年11月16日
收款人：中国电信股份公司大连分公司
金　额：¥ 6 413.32
用　途：通信费

单位主管 李梦　　会计 任毅

电子发票（增值税专用发票）　发票号码：23912000000017848788

开票日期：2023年11月16日

购买方信息	名称：大连机床厂				销售方信息	名称：中国电信股份公司大连分公司		
	统一社会信用代码/纳税人识别号：120102010405792					统一社会信用代码/纳税人识别号：125768367956220		
项目名称	规格型号	单位	数量	单价	金额	税率/征收率	税额	
通信费					5 675.50	13%	737.82	
合　计					¥5 675.50		¥737.82	

价税合计（大写）　⊗陆仟肆佰壹拾叁元叁角贰分　　（小写）¥ 6 413.32

备注：购方开户银行：中国工商银行星海支行；银行账号：167234607890
　　　销方开户银行：中国工商银行星海支行；银行账号：156022288005
　　　收款人：孟鹤　　复核人：张花

开票人：武丹

【业务要求】准确填制记账凭证。

(4)11月21日,大连机床厂开出转账支票购入生产材料,验收入库(增值税当月符合抵扣规定已抵扣)。

中国工商银行
转账支票存根
No 03438658

附加信息

出票日期 2023 年 11 月 21 日

收款人：大连铁业有限公司

金　额：￥8 588.00

用　途：购买材料

单位主管　李梦　　会计　任毅

电子发票（增值税专用发票）

发票号码：23912000000017848788
开票日期：2023年11月21日

购买方信息	名称：大连机床厂 统一社会信用代码/纳税人识别号：1201020104050792	销售方信息	名称：大连铁业有限公司 统一社会信用代码/纳税人识别号：125768376896345

项目名称	规格型号	单位	数量	单价	金额	税率/征收率	税额
铁皮	Φ0.5mm	吨	2	3 800	7 600.00	13%	988.00
合　计					￥7 600.00		￥988.00

价税合计（大写）：⊗捌仟伍佰捌拾捌元整　　（小写）￥8 588.00

备注：
购方开户银行：中国工商银行星海支行；银行账号：167234607890
销方开户银行：中国工商银行大连沙河口区支行；银行账号：156023569006
收款人：章涮　复核人：林岩

开票人：红文

收料单

供货单位：大连铁业有限公司　　　2023 年 11 月 21 日　　　仓库：2号库

材料类别	材料编号	名称与规格	计量单位	应收数量	实收数量	发票价格	采购费用	合计	单价
		铁皮 Φ0.5 mm	吨	2	2	7 600.00		7 600.00	3 800.00
		合计		2	2	7 600.00		7 600.00	3 800.00

仓库主管：李梦　　供应科长：林经　　仓库保管：何苗　　采购员：齐乐

【业务要求】准确填制记账凭证。

(5)11月22日,银行结算第三季度银行贷款利息(假设各月均未计提利息)。

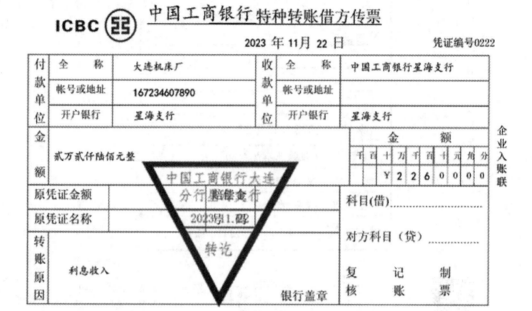

【业务要求】准确填制记账凭证。

(6)11月24日,大连机床厂销售数控机床3台,开出增值税专用发票,同时开出转账支票代垫运费,满足收入确认条件,货款未收到。

电子发票（增值税专用发票）

发票号码：23912000000017848788
开票日期：2023年11月24日

购买方信息
名称：沈阳轴承厂
统一社会信用代码/纳税人识别号：150658895237237

销售方信息
名称：大连信达物流公司
统一社会信用代码/纳税人识别号：123452070408702

项目名称	规格型号	单位	数量	单价	金额	税率/征收率	税额
运费					5 000.00	13%	650.00
合 计					￥5 000.00		￥650.00

价税合计（大写）⊗伍仟陆佰伍拾元整　　（小写）￥5 650.00

附 附方开户银行：中国工商银行沈阳和平区支行；银行账号：156053549245
备 销方开户银行：中国工商银行开发区支行；银行账号：167234606895
注 收款人：左天　　复核人：夏燕

开票人：李贺

中国工商银行
转账支票存根
№ 03437589

附加信息

出票日期 2023年11月24日

收款人：大连信达物流公司
金　额：￥5 650.00
用　途：运费

单位主管 李梦　　会计 任毅

【业务要求】准确填制记账凭证。

(7)11月25日，大连机床厂销售废料一批，价款现金收讫。

【业务要求】准确填制记账凭证。

(8)11月26日,大连机床厂偿还10月份购买原料的欠款。

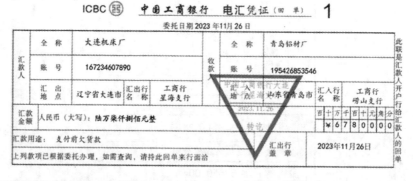

【业务要求】准确填制记账凭证。

(9)11月26日,大连机床厂以转账支票支付广告费(增值税当月符合抵扣规定已抵扣)。

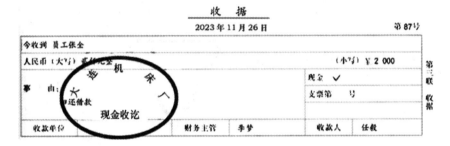

【业务要求】准确填制记账凭证。

(10)11月26日,职工交来现金,偿还家属急诊住院借款。

【业务要求】准确填制记账凭证。

(11)11月26日,大连机床厂购入钢材,验收入库,尚未支付价款(增值税当月符合抵扣规定已抵扣)。

收料单

供货单位:大连钢材厂　　　　2023 年 11 月 26 日　　　　仓库:2 号库

材料类别	材料编号	名称与规格	计量单位	应收数量	实收数量	发票价格	采购费用	合计	单价
钢材		切削钢	吨	2	2	24 000.00		24 000.00	12 000.00
		合计		2	2	24 000.00		24 000.00	12 000.00

财务主管:李梦　　　供应科长:林经　　　仓库保管:何苗　　　采购员:齐乐

【业务要求】准确填制记账凭证。

(12)11 月 27 日,大连机床厂收回一笔购货单位所欠销货款。

【业务要求】准确填制记账凭证。

(13)11 月 29 日,大连机床厂用转账支票支付办公区域修理费(增值税当月符合抵扣规定已抵扣)。

```
            中国工商银行
            转账支票存根
             № 03437749

        附加信息 _____
        _____
        _____

        出票日期 2023 年 11 月 29 日
        收款人：大连广元建筑装饰装修工程有限公司
        金  额：￥ 9 040.00
        用  途：修理费
          单位主管 李梦    会计 任毅
```

【业务要求】准确填制记账凭证。

(14) 11 月 30 日，大连机床厂分配结转本月发出材料成本。

大连机床厂发料凭证汇总表

编号：04
2023 年 11 月 30 日　　　　　　　　　　　　　　　　　　　　　　　　　　　单位：元

日期	领料单张数	贷方科目	借方科目				
			生产成本	制造费用	管理费用	其他业务成本	合计
1—10 日	9	原材料	300 000.00	2 400.00	2 200.000		304 600.00
11—20 日	4	原材料	200 000.00	1 500.00			201 500.00
21—30 日	8	原材料	328 900.00	2 600.00			331 500.00
合计			828 900.00	6 500.00	2 200.00		837 600.00

会计主管：李梦　　　　记账：任毅　　　　审核：郑辉　　　　填制：刘政

【业务要求】准确填制记账凭证。

(15) 11 月 30 日，大连机床厂计算计提本月应付工资费用。

工资费用分配汇总表

2023 年 11 月 30 日　　　　　　　　　　　　　　　　　　　　　　　　　　　单位：元

车间、部门	应借科目	应分配金额
车间生产人员工资	生产成本	100 000.00
车间管理人员	制造费用	20 500.00
厂部管理人员	管理费用	21 300.00
专设销售机构人员	销售费用	15 600.00
合计		157 400.00

主管：李梦　　　　审核：郑辉　　　　制表：任毅

【业务要求】准确填制记账凭证。

(16) 11 月 30 日，大连机床厂计提本月固定资产折旧。

固定资产折旧计算表

2023 年 11 月 30 日　　　　　　　　　　　　　　　　　　　　　　单位:元

使用单位部门	上月固定资产折旧额	上月增加固定资产应计提折旧额	上月减少固定资产应计提折旧额	本月应计提折旧额
生产车间	32 000.00	800.00		32 800.00
管理部门	15 000.00		600.00	15 600.00
合计	47 000.00	800 00	600.00	48 400.00

主管:李梦　　　　　　　　　审核:郑辉　　　　　　　　　制表:任毅

【业务要求】准确填制记账凭证。

(17)11 月 30 日,大连机床厂结转生产完工入库产品成本。

完工产品成本计算表

2023 年 11 月 30 日　　　　　　　　　　　　　　　　　　　　　金额单位:元

成本项目	机床(500 台)	
	总成本	单位成本
直接材料	600 000.00	1200.00
直接人工	50 000.00	100.00
制造费用	75 000.00	150.00
合计	725 000.00	1 450.00

会计主管:李梦　　　　　　　　审核:郑辉　　　　　　　　制表:任毅

大连机床厂产品入库单

2023 年 11 月 30 日　　　　　　　　　　　　　　　　　　　　金额单位:元

货号	名称及规格	单位	数量	单价	金额	备注
CK6160	机床	台	500	1 450	725 000	
合计			500		725 000	

主管:王伟　　　　　　　　保管:郑辉　　　　　　　　经办人:刘洋

【业务要求】准确填制记账凭证。

(18)11 月 30 日,大连机床厂结转本月已销产品生产成本。

大连机床厂产品出库单

2023 年 11 月 30 日　　　　　　　　　　　　　　　　　　　　金额单位:元

货号	名称及规格	单位	数量	单价	金额	备注
CK6160	机床	台	80	4200.00	336 000.00	
合计					336 000.00	

主管:王伟　　　　　　　　保管:郑辉　　　　　　　　经办人:刘政

已销产品成本计算表

2023 年 11 月 30 日   金额单位:元

产品名称	计量单位	月初结存		本月入库		本月销售	
		数量	总成本	数量	总成本	数量	总成本
机床	台			500	725 000.00	80	116 000.00
合计					725 000.00		116 000.00

会计主管:李梦　　　　　　　　　　　审核:郑辉　　　　　　　　　　　制表:任毅

【业务要求】准确填制记账凭证。

3. 实训任务

按照以上实训资料业务要求编制记账凭证。

4. 实训要求

(1)领取复式通用记账凭证格式的记账凭证实训材料。

(2)填制记账凭证前,明确记账凭证各项目应当填写的内容和应附的原始凭证附件。

(3)按格式完整填制记账凭证。

5. 实训总结

学生通过实训熟悉企业基本的经济业务活动,准确识别原始凭证,了解原始凭证的分类,熟练掌握对原始凭证的审核,并按照原始凭证准确填制记账凭证,可以提高会计核算技能水平。

四、记账凭证的审核

(一)基础知识

记账凭证的审核的主要内容如图 2-5 所示。

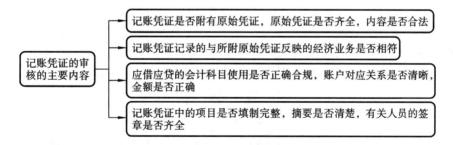

图 2-5　记账凭证的审核的主要内容

注意:

(1)审核过程中,若发现差错,应当查明原因,按规定办法及时处理及更正。

(2)只有经过审核无误的记账凭证,才可用于登记账簿。

（二）实训

1. 实训目的

通过实训掌握记账凭证的审核内容。

2. 实训资料

大连机床厂于 2023 年 11 月 4 日发生的经济业务的原始凭证经过审核无误，该单位会计人员根据原始凭证填制的记账凭证和所附原始凭证如下。

（1）现金存入银行存款户。

记账凭证
2023 年 11 月 4 日

摘要	总账科目	明细科目	借方金额	√	贷方金额	√
存入现金	银行存款		5 0 0 0 0 0 0			
	库存现金				5 0 0 0 0 0 0	
合计			￥5 0 0 0 0 0 0		￥5 0 0 0 0 0 0	

财务主管 李梦　记账 任毅　出纳 王涛　审核 张芳　制单 许晴

附单据 1 张

中国工商银行 现金缴款单（回单） ①
2023 年 11 月 4 日

收款单位	全称	大连机床厂		款项来源	售货款		
	账号	167234607890	开户银行	工商银行星海支行	交款单位		

人民币（大写）：伍万元整　　　　　　　　　　　￥5 0 0 0 0 0 0

辅币	券别	伍角	壹[角]	壹分	收款员
	张数				收讫 林深 复核员
主币	券别	壹佰元	伍拾元	拾元	伍元	壹元
	张数	500				

（盖章：中国工商银行大连分行星海支行 2023.11.04 转讫）

第一联 由银行盖章后退回单位

【业务要求】审核上述记账凭证是否有错误，如果有错误请指出并修正。

（2）购入材料发票已收到，材料尚未到达（增值税符合抵扣规定已抵扣）。

记账凭证
2023 年 11 月 4 日

摘要	总账科目	明细科目	借方金额	√	贷方金额	√
购入原材料	在建物资		2 3 5 7 2 0 0			
	应交增值税	进项税额	4 5 0 0			
	银行存款				2 3 6 1 7 0 0	
合计			￥2 3 6 1 7 0 0		￥2 3 6 1 7 0 0	

财务主管 李梦　记账 任毅　出纳 王涛　审核 张芳　制单 许晴

附单据 张

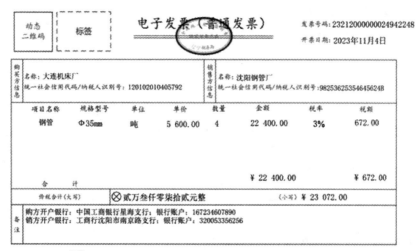

【业务要求】审核上述记账凭证是否有错误,如果有错误请指出并修正。
(3)计算分配本月应付电费。

记 账 凭 证

2023 年 11 月 30 日

摘要	总账科目	明细科目	借方金额	贷方金额	
分配结转本月应付电费	生产成本	燃料及动力费	18 000 00		附单据1张
	生产成本	制造费用	900 00		
	管理费用	水电费	2 800 00		
	应付账款			21 700 00	
合计			¥21 700 00	¥21 700 00	

财务主管 李梦　　记账 任毅　　出纳 王涛　　审核 张芳　　制单 许晴

应付电费分配表

2023 年 11 月 30 日　　　　　　　　　　　　　　　　　　　　　　单位:元

分配对象		分配标准(机器工时)	分配率	耗电度数	单价	金额
生产产品耗用	机床	18 000	1	30 000	0.60	18 000.00
车间一般耗用				1 500	0.60	900.00
厂部一般耗用				4 500	0.60	2 800.00
合计						21 700.00

会计主管:李梦　　　　　　　　审核:郑辉　　　　　　　　制表:任毅

【业务要求】核对上述记账凭证是否有错误,如果有错误请指出并修正。

3. 实训任务

根据实训资料对相关记账凭证进行审核,并指出存在的问题。

4. 实训要求

在实训中认真审核记账凭证与原始凭证是否相符,项目填写是否齐全,会计科目名称、方向、金额是否正确,签章是否齐全。

5. 实训总结

学生通过实训充分认识在实际工作中记账凭证审核环节的注意事项,进一步理解如何加强对记账凭证的管理和处理,确保其准确性和完整性,理解审核无误的记账凭证才可以作为登记账簿的依据。

任务二　会计账簿的登记实训

一、明细账的设置与登记

(一)基础知识

1. 明细账的种类与格式

企业应按企业管理的要求设置若干必要的明细账,以提供各明细账户的具体、详细情况。为了方便账页的重新排列及记账人员的分工,明细账采用活页式账页,但活页式账页也存在账页容易散失和被随意抽换的缺点,所以,在使用时应顺序编号并装订成册,注意妥善保管。明细账根据不同的科目性质采用不同格式的账页,包括三栏式、数量金额式以及多栏式等,如图 2-6 所示。

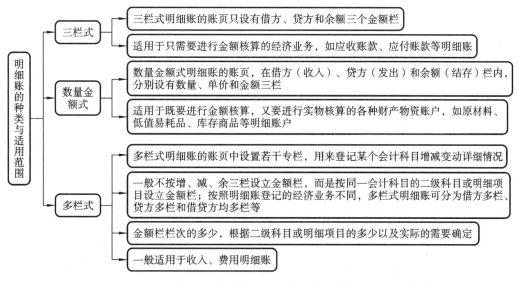

图 2-6　明细账的种类与适用范围

注意:

（1）固定资产明细账一般采用卡片的形式,放在卡片箱中,可以随取随放,通常不需要每年更换。

（2）固定资产卡片一般一式两份,分别由使用部门与财务部门登记保管。

（3）财务部门还应当设置固定资产二级账,并按固定资产类别开设账页。

2. 明细账的建立

新建企业通常以本月末或者下月初作为建账基准日,根据本单位的实际情况使用所需的会计账簿。大部分明细账应当每年更换一次,在新的年度开始时,重新建立新账代替旧账。但是某些财产物资明细账和债权、债务明细账,如固定资产明细账、应收账款明细账等,可跨年度连续使用。各种备查账也可跨年度使用。

明细账建账的基本程序如图 2-7 所示。

3. 明细账的登记方法

明细账的登记方法如图 2-8 所示。

注意:

（1）为避免在账簿记录中更正错误引起连锁反应,除在月末及转页这两种情况下,在其他时候登记明细账时,均不要用蓝黑墨水笔结出余额。

（2）需要及时了解的账户余额,用铅笔写在余额栏,这样就能够避免更正错误时的连锁反应。

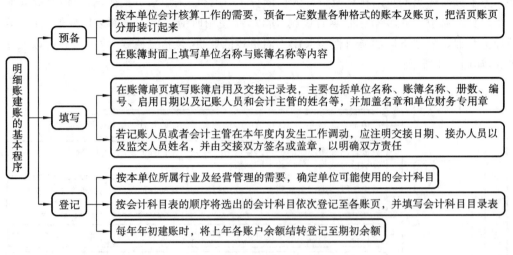

图 2-7 明细账建账的基本程序

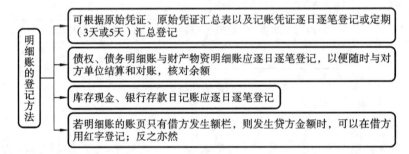

图 2-8 明细账的登记方法

4. 账簿登记的基本要求

会计人员在登记账簿时必须遵循的要求如图 2-9 至图 2-13 所示。

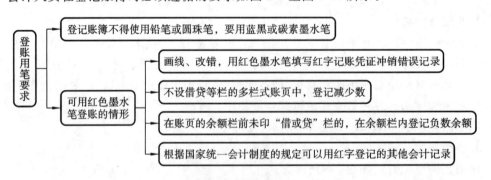

图 2-9 登账用笔要求

(二)实训

1. 实训目的

通过本实训项目了解明细账的不同格式、特点及其适用的账户,并掌握明细账建账与登账的方法。

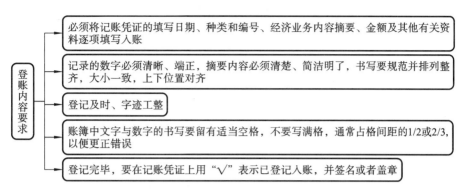

图 2-10 登账内容要求

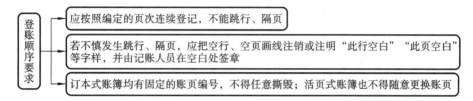

图 2-11 登账顺序要求

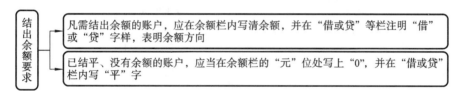

图 2-12 结出余额要求

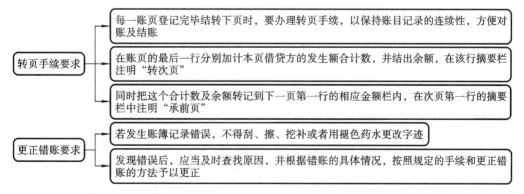

图 2-13 转页手续要求与更正错账要求

2. 实训资料

(1)期初建账资料。

大连机床厂 2023 年 11 月初的建账资料如下表所示。

11月初建账资料

代码	科目名称	币别/计量	11月初余额 借	11月初余额 贷	备注
1001	库存现金		**8 400.00**		
1002	银行存款		**944 000.00**		
1221	应收账款		**398 200.00**		
	沈阳加工厂		148 200.00		
	大连红星轴承厂		250 000.00		
1203	原材料		**103 000.00**		
	A材料		40 000.00		20 000元/吨
		吨	2		
	B材料		45 000.00		150元/千克
		千克	300		
	C材料		12 000.00		40元/千克
		千克	300		
	D材料		6 000.00		30元/千克
		千克	200		
1305	库存商品		**660 000.00**		
	甲产品		400 000.00		
		件	500		800元/件
	乙产品		240 000.00		
		件	600		400元/件
	丙产品		20 000.00		
		件	50		400元/件
1501	固定资产		**440 000.00**		
	生产设备		280 000.00		
	办公设备		160 000.00		
1502	累计折旧			**80 000.00**	
2102	应付票据			**1 042 000.00**	
	大连数码科技有限公司			42 000.00	
2302	应付账款			**206 000.00**	
	大连数码科技有限公司			60 000.00	
	长春洪城公司			146 000.00	
2315	应付职工薪酬			**105 000.00**	
	工资			105 000.00	
4002	实收资本			**160 000.00**	

续表

代码	科目名称	币别/计量	11月初余额		备注
			借	贷	
4102	盈余公积			65 000.00	
4104	利润分配			895 600.00	
	合计		2 553 600.00	2 553 600.00	

（2）账簿启用及交接记录表，格式如下。

账簿启用及交接记录

使用单位		单位盖章
账簿名称		
账簿编号	总　册　　　　　第　册	
账簿页数	本账簿共计　页	
启用日期	年　月　日至　年　月　日	
经管人	主管	记账
	姓名　　　盖章	姓名　　　盖章
交接记录	日期	监交	移交	接管
	年　月　日	职务　姓名　盖章	职务　姓名　盖章	职务　姓名　盖章
备注				

（3）会计科目目录表，格式如下。

会计科目目录

科目名称	页次	科目名称	页次	科目名称	页次	科目名称	页次

3. 实训任务

（1）准备实训用不同格式的明细账账页。

（2）按照期初余额表所给资料确定各会计科目分别适用的明细账账页格式。

（3）把期初余额表的资料中各账户的期初余额登入相应的明细账账页并填写账簿启用及交接记录表和会计科目目录表。

（4）依据本项目任务一的"记账凭证的填制"模拟企业原始凭证与记账凭证，选择"银行存款""累计折旧"逐笔登记明细账。

4. 实训要求

(1) 总结设置和登记不同格式明细账的要点。

(2) 熟悉和掌握明细账格式及适用范围。

二、总账的设置与登记

(一) 基础知识

1. 总分类账的基本概念

总分类账是把经济业务按各总分类账户进行分户登记的账簿,它提供了资产、负债、所有者权益、收入、费用及利润的概况,如图 2-14 所示。

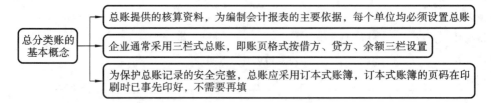

图 2-14　总分类账的基本概念

2. 总分类账的建立

总分类账建账的方法与明细账相同,如图 2-15 所示。

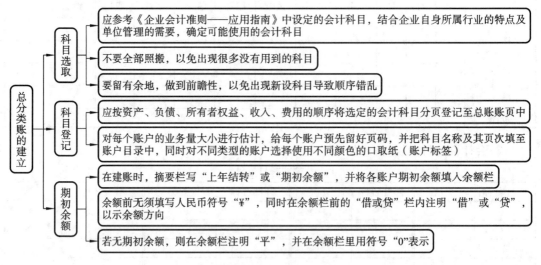

图 2-15　总分类账的建立

注意:

(1) 新建企业通常以本月末或者下月初作为建账基准日,根据本单位的实际情况,购买、设置以及应用所需的会计账簿。

(2) 总账应当每年更换一次,在新的年度开始时,重新建立新账代替旧账。

(3) 在实际工作中,所有账簿都是正反两面算一页,因此在建总账时,每个账户占一页,不能正反两面同时建两个账户。

3. 总分类账的登记

总分类账要按既定的会计核算组织程序及时登账,登账方法如图 2-16 所示。

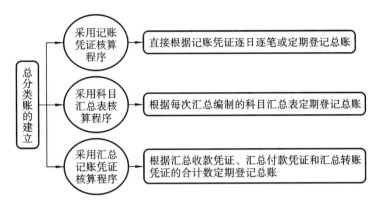

图 2-16 总分类账的登记

总账和明细账应当采用平行登记法进行登记,也就是对于每一项经济业务,根据会计凭证,既在有关的总账进行总括登记,又在所属的明细账进行详细登记,以便总账与明细账相互核对,及时发现错账,予以更正,确保账簿记录的准确性。

(二)实训

1. 实训目的

掌握总分类账的设置及登账的方法,能编制科目汇总表,并据以登记总账。

2. 实训资料

(1)模拟实训企业资料。

大连机床厂 2023 年 11 月份各账户的期初余额见本任务的"明细账的设置与登记"的资料;发生的经济业务以及相应的原始凭证、记账凭证见任务一中的"记账凭证的填制"的有关资料。

(2)实训用会计总账账页。

(3)科目汇总表,格式如下。

科目汇总表
年 月 日　　　　　　　　　　　　　　　编号

会计科目	借方	贷方	总账页数
合计			

会计主管　　　　　　　　记账　　　　　　　　复核　　　　　　　　制单

3. 实训任务

(1)依据期初余额表的资料设置总账,并把各账户的期初余额登入总账账页。

(2)依据任务一中会计凭证填制后审核无误的记账凭证编制科目汇总表,并据以登记总账。

4. 实训要求

(1)设置和登记总账的要点。

(2)总账的登记应注意的问题。

三、对账及错账更正

(一)基础知识

1. 对账的程序和方法

为保证账簿记录的真实、正确、可靠,要定期对账簿及账户所记录的有关数据加以检查和核对,即对账。对账的内容主要包括账证核对、账账核对、账实核对。

(1)账证核对。

账证核对是将各种账簿记录和记账凭证及其所附的原始凭证进行核对,即核对会计账簿记录同原始凭证、记账凭证的时间、凭证字号、内容、金额是否一致,记账方向是否相符,发现有不一致之处,应及时查明原因,并按相关规定进行更正。

(2)账账核对。

账账核对是核对不同会计账簿之间的账簿记录是否相符。通过定期核对,检查账簿记录内容是否完整、是否有错记或漏记,便于发现问题、纠正错误,保证会计资料的真实、完整和准确无误。账账核对包括总账有关账户的余额核对、总账与所辖明细账的各项目之和的核对、总账与日记账的核对以及会计部门有关财产物资的明细账与财产物资保管或使用部门经管的明细记录的核对等。

(3)账实核对。

账实核对是核对会计账簿记录和各种财产物资的实有数额是否相符,主要内容如图2-17所示。

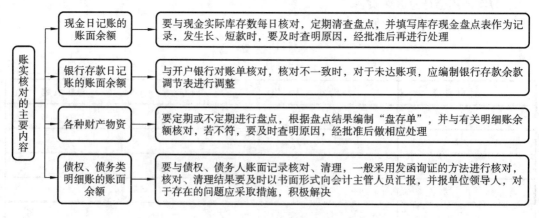

图 2-17 账实核对的主要内容

2. 错账查找的方法

(1)个别检查法。

个别检查法指的是针对错账的数字进行检查的方法。个别检查法有抽查法与偶合法。

(2)全面检查法。

全面检查法是按照账务处理的顺序进行全部过程查找的方法。全面检查法包括顺查法与逆查法。

3. 错账更正的方法

(1)划线更正法。

划线更正法如图 2-18 所示。

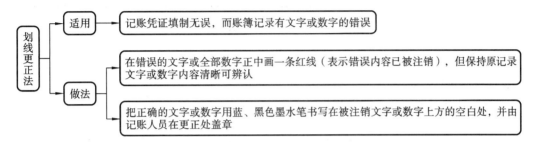

图 2-18　划线更正法

注意：

(1)数字写错，必须把错误数字全部划线注销，不能只更正该数字中的个别错误数字。

(2)文字写错，可只更正个别错字。

(2)红字冲销法。

可采用红字冲销法的两种情况如图 2-19 所示。

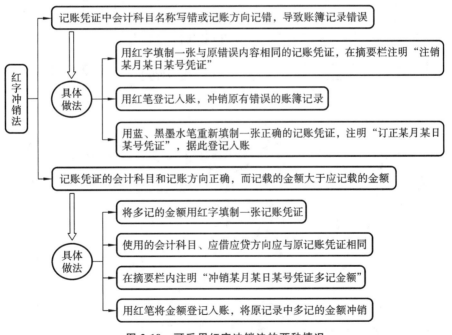

图 2-19　可采用红字冲销法的两种情况

(3)补充登记法。

补充登记法如图 2-20 所示。

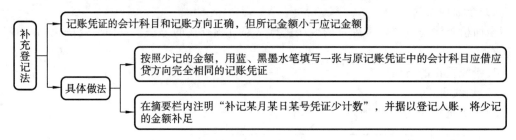

图 2-20 补充登记法

（二）实训

1. 实训目的

掌握账证核对的方法及错账更正的方法。

2. 实训资料

大连机床厂 2023 年 6 月份管理费用总分类账户中的两笔经济业务的原始凭证及其记账凭证填制情况如下。

(1) 6 月 10 日，大连机床厂用转账支票支付下半年厂部财产保险费。

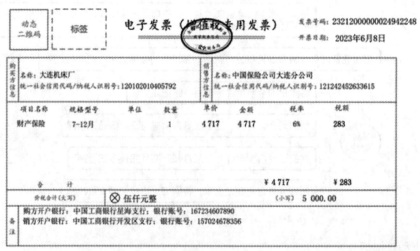

```
┌─────────────────────────────────────┐
│         中国工商银行                  │
│         转账支票存根                  │
│         № 03432463                  │
│                                     │
│  附加信息                            │
│  _____          │
│  _____          │
│  _____          │
│                                     │
│  出票日期 2023年6月10日              │
│  ┌─────────────────────────────┐   │
│  │ 收款人：中国保险公司大连分公司 │   │
│  ├─────────────────────────────┤   │
│  │ 金  额：¥5 000.00           │   │
│  ├─────────────────────────────┤   │
│  │ 用  途：保险费               │   │
│  └─────────────────────────────┘   │
│                                     │
│  单位主管 李梦      会计 任毅        │
└─────────────────────────────────────┘
```

【业务要求】核对上述记账凭证是否有错误，如果有错误，请修正。核对账簿登记是否有错误，如果有错误，请指出适用的错账更正方法。

(2) 6月18日，大连机床厂开出转账支票支付购买办公桌椅费。

记 账 凭 证

2023年 6月 18日

摘 要	总账科目	明细科目	借方金额	贷方金额
支付购买办公桌椅费用	管理费用	办公用品	2 100 00	
	应交税费	应交增值税（进项税额）	357 00	
	银行存款			2 457 00
合 计			¥2 457 00	¥2 457 00

财务主管 李梦　　记账 任毅　　出纳 王涛　　审核 张芳　　制单 许晴

附单据 2 张

电子发票（增值税专用发票）

发票号码：23912000000017848788
开票日期：2023年6月18日

购买方信息	名称：大连机床厂
	统一社会信用代码/纳税人识别号：120102010405792

销售方信息	名称：大连合贵家具城
	统一社会信用代码/纳税人识别号：125369455323264

项目名称	规格型号	单位	数量	单价	金额	税率/征收率	税额
办公桌椅		套	6	350	2 100.00	17%	357.00
合　计					￥2 100.00		￥357.00

价税合计（大写）　⊗贰仟肆佰伍拾柒元整　（小写）￥2 457.00

备注：
购方开户银行：中国工商银行星海支行；银行账号：167234607890
销方开户银行：中国工商银行长江路支行；银行账号：173043345746
收款人：李龙　　复核人：金小伟

开票人：韦思琪

中国工商银行 转账支票存根

№ 03432485

附加信息

出票日期 2023年6月18日

收款人：大连合贵家具城
金　额：￥2 457.00
用　途：购买办公桌椅

单位主管 李梦　　会计 任毅

【业务要求】核对上述记账凭证是否有错误，如果有错误，请修正。核对账簿登记是否有错，如果有错误，请指出适用的错账更正方法。

(3) 6月份管理费用总分类账户如下。

总分类账户

会计科目：管理费用　　　　　　　　　　　　　　　　　　　　　　　　　　　　　　　第 102 页

2023年		凭证		摘要	借方											贷方											借或贷	余额										
月	日	种类	号数		亿	千	百	十	万	千	百	十	元	角	分	亿	千	百	十	万	千	百	十	元	角	分		亿	千	百	十	万	千	百	十	元	角	分
6	1			期初余额																							借					5	8	3	6	5	0	0
	5			电话费							8	3	0	0	0																							
	6			差旅费						5	8	6	0	0	0																							
	8			水电费						2	0	1	0	0	0																							
	10			保险费																	5	0	0	0	0	0												
	12			支付办公用品费用							4	1	2	0	0																							
	15			待客户招待费用						2	8	4	8	0	0																							
	18			购办公桌椅费用						2	4	5	7	0	0																							
	22			会议费							5	3	0	0	0																							
	25			办公费						8	8	4	0	0	0																							
	28			修理费							8	0	4	0	0																							
	29			差旅费							4	2	1	0	0																							

3. 实训任务

(1)审核记账凭证并进行账证核对,检查账簿记录是否正确。

(2)采用正确的方法对错账进行更正。

4. 实训要求

对每笔经济业务的原始凭证与记账凭证、记账凭证与账簿记录进行认真核对,指出存在的错误,说明应当采用的更正方法并进行更正。

四、结账

(一)基础知识

结账指的是在将本期发生的经济业务全部登记入账的基础上,根据各种账簿的记录结算出本期发生额合计和期末余额,并将期末余额转入下期的一项会计工作。

1. 结账工作的程序

结账工作的程序如图 2-21 所示。

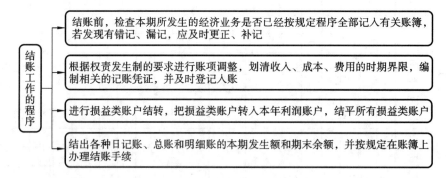

图 2-21　结账工作的程序

2. 结账的方法

(1)月度结账。月度结账的概念和方法如图 2-22 所示。

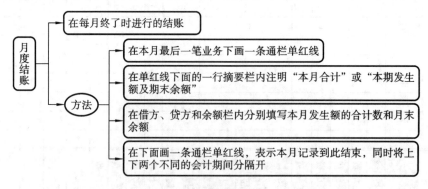

图 2-22　月度结账的概念和方法

注意:

(1)若无余额,也应在余额栏内用"0"表示,并在"借或贷"栏填"平"。

(2)本月未发生额的账户,不必进行月结。

（3）全月仅发生一笔业务的账户，无须结计本月合计数，只要在该笔业务下画一条通栏单红线，表示同下月业务分开。

（2）季度结账。季度结账的概念和方法如图2-23所示。

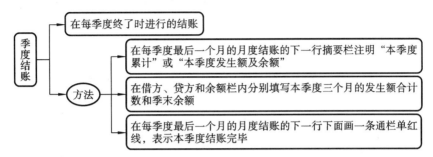

图 2-23　季度结账的概念和方法

（3）年度结账。年度结账的概念和方法如图2-24所示。

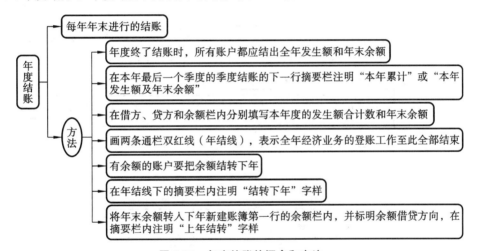

图 2-24　年度结账的概念和方法

任务三　会计报表编制与档案管理实训

一、会计报表的编制

（一）基础知识

会计报表是根据日常会计核算资料定期编制的，反映企业、行政事业单位某一特定日期财务状况和某一会计期间经营成果、现金流量等会计信息的文件，一般包括资产负债表、利润表、现金流量表、所有者权益变动表四张会计报表。

1. 会计报表编制的准备工作

会计报表编制的准备工作如图2-25所示。

2. 会计报表的编制

（1）会计报表的编制要求如图2-26所示。

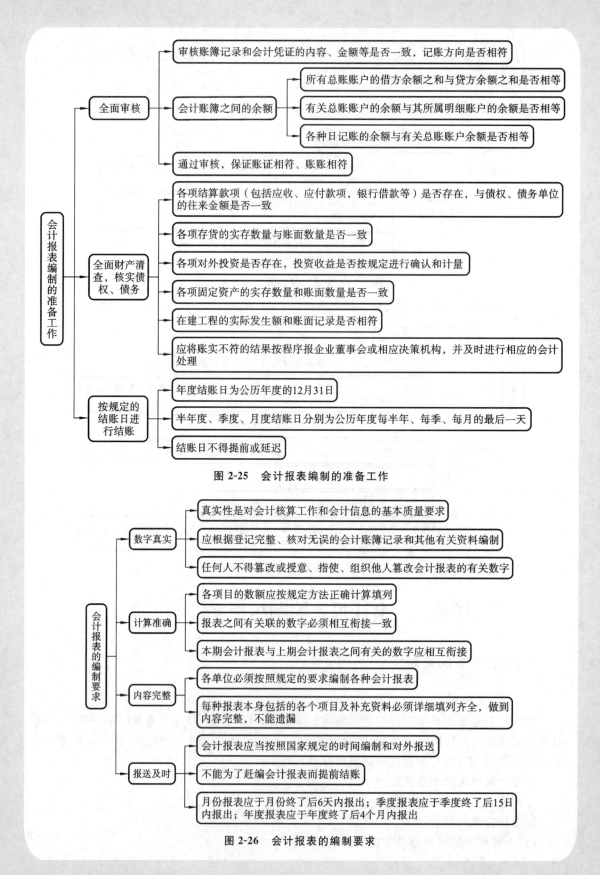

图 2-25　会计报表编制的准备工作

图 2-26　会计报表的编制要求

注意:

(1)按要求编制出会计报表之后,向外部提供的会计报表应当依次编定页数,加具封面,装订成册,加盖公章,并由单位负责人、会计主管人员以及会计机构负责人签章。

(2)单位负责人对本单位会计报表的真实性、完整性负责。

(2)会计报表格式。

资产负债表

编制单位:　　　　　　　　　　　　　年　月　日　　　　　　　　　　　　　单位:元

资产	期末余额	期初余额	负债和所有者权益	期末余额	期初余额
流动资产:			流动负债:		
货币资金			短期借款		
交易性金融资产			交易性金融负债		
衍生金融资产			衍生金融负债		
应收票据及应收账款			应付票据及应付账款		
预付款项			预收账款		
其他应收款			合同负债		
存货			应付职工薪酬		
合同资产			应交税费		
持有待售资产			其他应付款		
一年内到期的非流动资产			持有待售负债		
其他流动资产			一年内到期的非流动负债		
流动资产合计			其他流动负债		
非流动资产:			流动负债合计		
债权投资			非流动负债:		
其他债权投资			长期借款		
长期应收款			应付债券		
长期股权投资			长期应付款		
其他权益工具投资			预计负债		
其他非流动金融资产			递延收益		
投资性房地产			递延所得税负债		
固定资产			其他非流动负债		
在建工程			非流动负债合计		
生产性生物资产			负债合计		
油气资产			所有者权益:		
无形资产			实收资本(或股本)		
开发支出			其他权益工具		

续表

资产	期末余额	期初余额	负债和所有者权益	期末余额	期初余额
商誉			资本公积		
长期待摊费用			减:库存股		
递延所得税资产			其他综合收益		
其他非流动资产			盈余公积		
非流动资产合计			未分配利润		
			所有者权益合计		
资产总计			负债和所有者权益总计		

单位负责人: 　　　财务负责人: 　　　复核: 　　　制表:

利润表

编制单位: 　　　　　　　年　月　日　　　　　　　单位:元

项目	本年金额	上年金额
一、营业收入		
减:营业成本		
税金及附加		
销售费用		
管理费用		
研发费用		
财务费用		
其中:利息费用		
利息收入		
资产减值损失		
信用减值损失		
加:其他收益		
投资收益(损失以"－"填列)		
其中:对联营企业和合营企业的投资收益		
净敞口套期收益(损失以"－"填列)		
公允价值变动收益(损失以"－"填列)		
资产处置收益(损失以"－"填列)		
二、营业利润(亏损以"－"填列)		
加:营业外收入		
减:营业外支出		
三、利润总额(亏损总额以"－"填列)		
减:所得税费用		

续表

项目	本年金额	上年金额
四、净利润(净亏损以"-"填列)		
(一)持续经营净利润(净亏损以"-"填列)		
(二)终止经营净利润(净亏损以"-"填列)		
五、其他综合收益的税后净额		
(一)不能重分类进损益的其他综合收益		
(二)将重分类进损益的其他综合收益		
六、综合收益总额		
七、每股收益		
(一)基本每股收益		
(二)稀释每股收益		

单位负责人： 财务负责人： 复核： 制表：

现金流量表

编制单位： 年度 单位：元

项目	本年金额	上年金额
一、经营活动产生的现金流量：		
销售商品、提供劳务收到的现金		
收到的税费返还		
收到的其他与经营活动有关的现金		
经营活动现金流入小计		
购买商品、接受劳务支付的现金		
支付给职工及为职工支付的现金		
支付的各项税费		
支付的其他与经营活动有关的现金		
经营活动现金流出小计		
经营活动产生的现金流量净额		
二、投资活动产生的现金流量		
收回投资收到的现金		
取得投资收益收到的现金		
处置固定资产、无形资产及其他长期资产收回的现金		
处置子公司及其他营业单位收到的现金净额		
收到的其他与投资活动有关的现金		
投资活动现金流入小计		
购置固定资产、无形资产和其他长期资产支付的现金		

续表

项目	本年金额	上年金额
投资支付的现金		
取得子公司及其他营业单位支付的现金净额		
支付的其他与投资活动有关的现金		
投资活动现金流出小计		
投资活动产生的现金流量净额		
三、筹资活动产生的现金流量		
吸收投资收到的现金		
取得借款收到的现金		
收到的其他与筹资活动有关的现金		
现金流入小计		
偿还债务支付的现金		
分配股利、利润或偿付利息支付的现金		
支付的其他与筹资活动有关的现金		
现金流出小计		
筹资活动产生的现金流量净额		
四、汇率变动对现金及现金等价物的影响		
五、现金及现金等价物净增加额		
加：期初现金及现金等价物余额		
六、期末现金及现金等价物		

单位负责人：　　　　　　财务负责人：　　　　　　复核：　　　　　　制表：

所有者权益变动表

编制单位：　　　　　　　　年度　　　　　　　　　　　　　　单位：元

项目	本年或上年金额					
	实收资本（或股本）	资本公积	减：库存股	盈余公积	未分配利润	所有者权益合计
一、上年年末余额						
加：会计政策变更						
前期差错更正						
其他						
二、本年年初余额						
三、本年增减变动金额（减少以"－"填列）						
（一）综合收益总额						
（二）所有者投入和减少资本						
1.所有者投入的普通股						

续表

项目	本年或上年金额					
	实收资本（或股本）	资本公积	减：库存股	盈余公积	未分配利润	所有者权益合计
2.其他权益工具持有者投入资本						
3.股份支付计入所有者权益的金额						
4.其他						
（三）利润分配						
1.提取盈余公积						
2.对所有者（或股东）的分配						
3.其他						
（四）所有者权益内部结转						
1.资本公积转增资本（或股本）						
2.盈余公积转增资本（或股本）						
3.盈余公积弥补亏损						
4.设定受益计划变动额结转留存收益						
5.其他						
四、本年年末余额						

单位负责人： 　　　财务负责人： 　　　复核： 　　　制表：

3.会计报表的分析

会计报表的分析是指根据企业会计报表中的相关数据，结合其他有关补充信息，对企业的财务状况、经营成果以及现金流量情况进行综合比较和评价，为会计报表使用者提供决策依据的一项管理工作。会计报表分析方法通常有比较分析法、结构分析法、趋势分析法、比率分析法、因素分析法等。

（二）实训

1.实训目的

掌握会计报表的编制。

2.实训资料和任务

见"项目三 企业会计综合实训"实训资料和会计报表编制实训内容。

二、会计档案的管理

（一）基础知识

1.会计档案的整理与装订

（1）会计凭证的整理。

会计凭证是记录及反映经济业务事项的重要资料。每月月末记账完毕，应把各种记账凭证连同所附的原始凭证或者原始凭证汇总表整理加工装订成册，以便保管和利用。因为记账凭证所附的原始凭证种类很多，在装订会计凭证前，必须对所附原始凭证逐张逐页进行整理加工,使待装订记账凭证舒展平整。原始凭证要求粘贴牢固、宽窄薄厚均匀。原始凭证整理的要求如图 2-27 所示。

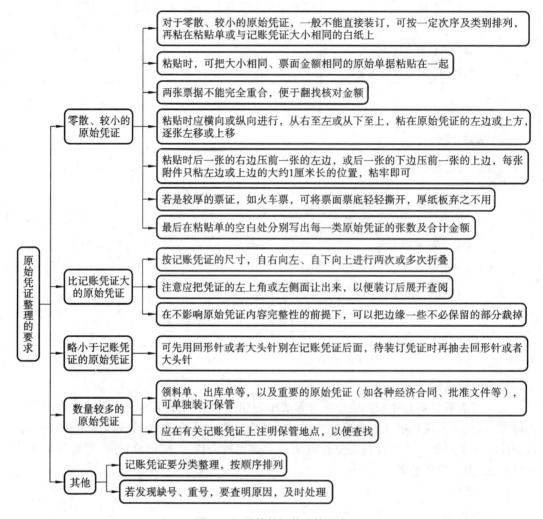

图 2-27　原始凭证整理的要求

(2)会计凭证的装订。

①会计凭证的装订要求。会计凭证的装订要求如图 2-28 所示。

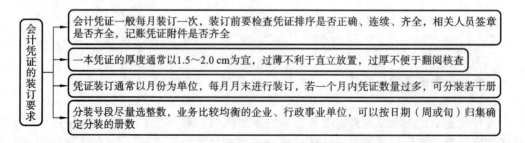

图 2-28　会计凭证的装订要求

②装订会计凭证的主要方法。

a.顶齐法。顶齐法为装订会计凭证时常用的方法,即将记账凭证和所附原始凭证顶齐左上角后装订,这种装订方法方便后期查阅凭证,但是会计凭证成册后下部薄且空,站立不稳。顶齐法的具体装订步骤如图2-29所示。

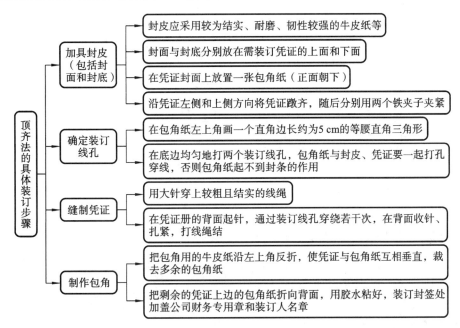

图2-29 顶齐法的具体装订步骤

b.底齐法。底齐法是以记账凭证的底边和左侧边为准进行装订的方法。这种方法竖着摆放平稳整齐,抽查方便,但是翻阅凭证不够方便。底齐法的装订步骤如图2-30所示。

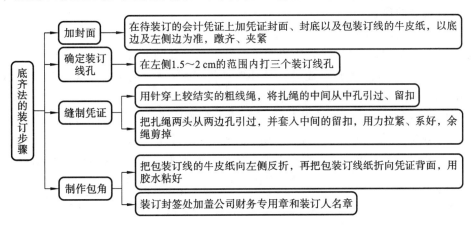

图2-30 底齐法的装订步骤

装订后,在凭证本的封面上注明单位名称、凭证种类、起讫日期、起讫号码以及本扎凭证的册数和张数等,并在侧脊上面写上"某年某月第几册共几册"的字样,以方便查阅。

(3)会计账簿的整理与装订。

会计账簿的整理与装订如图2-31所示。

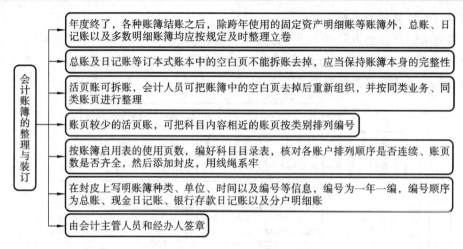

图 2-31 会计账簿的整理与装订

(4) 会计报表的整理与装订。

会计报表编制完成并及时报送之后,留存的报表按月装订成册,谨防丢失。小企业可按季装订成册。会计报表的整理与装订如图 2-32 所示。

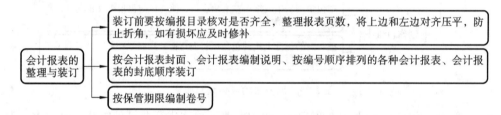

图 2-32 会计报表的整理与装订

2. 会计档案的保管

各单位要建立健全会计档案的立卷、归档、保管、调阅以及销毁等管理制度,同时,严格执行安全及保密制度,切实管好会计档案。单位每年形成的会计档案,应按归档的要求,由财务部负责整理、立卷或者装订成册。会计年度终了后,当年的会计档案由财务部保管一年,期满之后编造清册,移交档案部门管理。

根据《会计档案管理办法》的规定,会计档案的保管期限分为两类:永久与定期。定期保管期限通常分为 10 年与 30 年。需要定期保管的企业及其他组织的会计档案中,原始凭证、记账凭证等的保管期限为 30 年,银行对账单等的保管期限为 10 年,如表 2-1 所示。

表 2-1 企业和其他组织会计档案保管期限表

序号	档案名称	保管期限	备注
一	会计凭证		
1	原始凭证	30 年	
2	记账凭证	30 年	
二	会计账簿		
3	总账	30 年	
4	明细账	30 年	

续表

序号	档案名称	保管期限	备注
5	日记账	30 年	
6	固定资产卡片		固定资产报废清理后保管 5 年
7	其他辅助性账簿	30 年	
三	财务会计报告		
8	月度、季度、半年度财务会计报告	10 年	
9	年度财务会计报告	永久	
四	其他会计资料		
10	银行存款余额调节表	10 年	
11	银行对账单	10 年	
12	纳税申报表	10 年	
13	会计档案移交清册	30 年	
14	会计档案保管清册	永久	
15	会计档案销毁清册	永久	
16	会计档案鉴定意见书	永久	

3. 会计档案的销毁

会计档案保管期满需要销毁的,可按规定程序予以销毁。销毁的程序如图 2-33 所示。

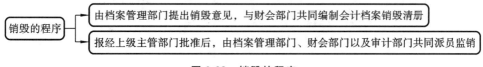

图 2-33 销毁的程序

注意:

(1)销毁之前,监销人要认真清点核对应销毁的会计档案。

(2)销毁之后,监销人在销毁清册上签名盖章,并把监销情况报告本单位领导。

(2)不得销毁的会计档案,应单独立卷。

(二)实训

1. 实训目的

通过实训掌握会计凭证、会计账簿的整理与装订方法;了解会计档案保管及销毁的相关规定。

2. 实训资料和任务

见"项目三 企业会计综合实训"实训资料和会计档案整理实训内容。

项目二实训二维码

项目三　企业会计综合实训

职业能力目标

知识目标：
1. 了解企业会计实务工作岗位内容。
2. 了解企业会计核算程序。
3. 熟悉企业会计日常核算业务。
4. 熟悉企业会计报表的编制。

能力目标：
1. 熟悉企业会计核算的程序并按照流程展开会计工作。
2. 掌握企业日常会计业务的核算。
3. 熟悉月末结账及会计报表的编制。

素养目标：
1. 培养学生的工匠精神及爱岗敬业精神。
2. 提高学生对遵守会计相关法律法规、依法纳税重要性的认识。
3. 培养学生自主学习的意识，提高岗位胜任能力。
4. 培养学生职业规划意识，提高职业认知。

· 内容导读 ·

企业会计综合实训项目以模拟企业实际发生的经济业务为核心，学习期初余额录入、原始凭证识别审核、填制审核记账凭证、登记账簿、月末结账和编制会计报表的全程实务操作，旨在提高学生对会计职业和会计专业知识的认知，提高学生的会计实操技能。项目主要内容包括企业会计综合实训方案、模拟企业的基本信息、会计综合实训案例资料以及会计综合实训任务。

任务一　企业会计综合实训方案

一、实训目的

熟悉企业会计核算流程，提高企业会计实务操作技能，培养会计职业能力，包括原始凭证的识别审核、记账凭证的填制、账簿的登记、月末结账、科目汇总表的填制和会计报表的编报。

二、实训要求

(一)指导教师

(1)带领学生熟悉原始凭证识别,熟练使用记账凭证、账簿、报表等,根据实训资料引导学生进行实训。

(2)实训前要求学生做好准备工作(包括准备实训过程中需要使用的记账凭证、账簿、报表等实训材料)。

(3)在实训过程中,认真讲解实训的相关内容和注意事项,对各种相关工具和材料的使用要求,及时为学生答疑解惑。

(4)在实训结束之后,及时对各位同学的实训结果进行评分并书写评语。

(二)实训学生

(1)实训开始前,做好实训资料及用具准备工作,熟悉模拟企业情况。

(2)实训过程中,认真完成相关的实训业务操作,按时提交凭证、账簿、报表等实训成果。

(3)实训结束后,提交个人实训总结。

注意:

(1)实训过程中注意结合相关会计理论,提高对会计工作的理解和认知。

(2)实训过程中注意数据的连贯性及整体性,确保实训结果数据的准确性。

三、实训流程

实训流程如表 3-1 所示。

表 3-1 实训流程

序号	工作
1	建账
2	期初余额录入账簿
3	经济业务发生,识别、审核原始凭证
4	根据经济业务原始凭证填制记账凭证
5	根据记账凭证登记账簿
6	月末结账(填制科目汇总表)
7	编制会计报表
8	实训总结

四、实训岗位设置

会计岗位设置及岗位职能如表 3-2 所示。

表 3-2 会计岗位设置及岗位职能

会计岗位	工作职能
总账会计	填制相关记账凭证、业务审核;编制科目汇总表及会计报表;登记总账等
出纳	货币资金收付业务的办理;登记现金、银行存款日记账等
财产物资会计	折旧和摊销的计算;财产物资记账凭证填制及明细账登记
成本会计	成本计算结转;填制相关记账凭证及登记生产成本费用明细账等
往来会计	应收、应付、收入等记账凭证的填制;坏账计提及登记往来明细账等
税务会计	应交税费账簿的登记及填写各项税金及纳税申报表并进行纳税申报等
费用会计	相关费用支出记账凭证的填制;费用摊提及明细账的登记等

提示：

在实训进行的过程中，以上岗位可根据实际情况进行岗位轮换。根据《中华人民共和国会计法》的规定，出纳人员不得兼任稽核、会计档案保管和收入、支出、费用、债权债务账目的登记工作。

五、实训账簿设置

实训账簿设置如表 3-3 所示。

表 3-3 实训账簿设置

总分类账	设置总账，金额三栏式
日记账	设置现金日记账和银行存款日记账
明细分类账	设置原材料、库存商品等存货类明细账，数量金额三栏式
	设置成本、费用类明细账，多栏式
	设置其他明细账，金额三栏式
注意事项	新账簿启用时，明确单位名称、账簿名称，学会使用年度与交接记录表，在指定位置加盖单位公章;使用订本账时，从第一页到最后一页按照顺序编定页码，不可以跳页缺号;使用活页账页时，应按账户顺序采用总分方式编定页码，定期装订成册

六、实训材料清单

实训材料清单如图 3-1 所示。

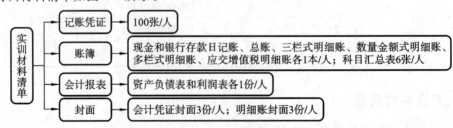

图 3-1 实训材料清单

七、实训总结与考核

实训考核分值分布如表 3-4 所示。实训总结如表 3-5 所示。

表 3-4　实训考核分值分布

考核项	分值
建账,期初余额录入账簿	10 分
根据原始凭证填制通用记账凭证	40 分
根据记账凭证登记账簿	10 分
月末结账(填制科目汇总表)	10 分
编制会计报表(资产负债表、利润表)	20 分
实训总结	10 分
共计	100 分

表 3-5　实训总结

姓名		学号		专业班级	
实训时间				指导教师	
实训总结					
教师评价	建账,期初余额录入账簿得分				
	根据原始凭证填制通用记账凭证得分				
	根据记账凭证登记账簿得分				
	月末结账(填制科目汇总表)得分				
	编制会计报表(资产负债表、利润表)得分				
	实训总结得分				
	教师(签字):　　　　　　年　月　日				

任务二　模拟企业的基本信息

一、模拟企业基本情况

(一)模拟企业概况

模拟企业概况如表 3-6 所示。

表 3-6 模拟企业概况

企业名称	淮安市山青塑业有限公司
法人代表	徐忠
注册资本	500 万元
注册地址	江苏省淮安市淮安区漕运镇三堡工业集中区
成立时间	2013 年 6 月 1 日
纳税人识别号	156232121032210
纳税人类别	一般纳税人
执行税率	增值税税率为 13%,所得税税率为 25%
主营业务	塑料制品生产、销售;电子产品组装、销售
联系电话及邮政编码	8562356,223200
基本户开户银行及账号	中国工商银行青阳支行,账号为 6221232689253

(二)企业的主要产品

淮安市山青塑业有限公司的经营范围:塑料制品生产、销售;塑料模具定制、组装和销售。公司主要产品有耐腐蚀塑料制品、玻璃纤维增强塑料制品、定制模具等。

二、模拟企业财务会计制度

淮安市山青塑业有限公司根据《中华人民共和国会计法》和相关经济法律、行政法规、规范性文件的要求,与企业经营规模、特点及财务管理等要求相结合制定了企业财务制度。

财务制度的主要标准和内容如表 3-7 至表 3-12 所示。

表 3-7 流动资产

货币资金	库存现金	按照《现金管理暂行条例》《企业内部会计控制规范——货币资金》的相关规定管理
		库存现金限额为 6000 元
	银行存款	按照《企业内部会计控制规范——货币资金》的规定管理
	其他货币资金	
坏账损失	备抵法核算	在每年年底时按照应收账款余额的 1‰ 提取坏账准备;其他应收款项不计提坏账准备
存货	原材料	按照实际成本法核算
		月末编制发出材料汇总表,采用加权平均法计算发出材料成本
	周转材料	按照实际成本法核算
		月末编制发出材料汇总表,采用加权平均法计算发出材料成本
		低值易耗品采用一次摊销法摊销

续表

存货	库存商品	按照实际成本法核算
		月末编制当月的产成品成本计算表,计算本月入库产成品的实际成本并结转入库
		库存商品出库统一由销售部按照相关售价填写销售单;月末仓库编制库存商品出库汇总表,财务部计算当月库存商品成本;发出产品的成本计算采用加权平均法

表 3-8 非流动资产

固定资产	按照房屋建筑物、生产设备、电子设备等分类管理
	采用平均年限法按月计提折旧
	相关中、小型修理费用直接计入当期的相关费用
	相关大型修理费用通过长期待摊费用进行核算
无形资产	采用直线摊销法

表 3-9 职工薪酬

职工工资	月末编制当月工资费用分配表计提当月工资费用
五险一金	企业按照员工工资总额的 20%、9%、1.5%、0.5%、0.8%、10%计算缴纳职工养老保险、医疗保险、失业保险、工伤保险、生育保险、住房公积金
	企业按照员工工资总额的 8%、2%、0.5%、10%代扣代缴职工个人负担的养老保险、医疗保险、失业保险、住房公积金
职工福利费	按当期实际发生额计入职工福利费
职工教育经费	按当期实际发生额计入职工教育经费
工会经费	每月按职工工资总额的 2%计提工会经费

表 3-10 成本核算

生产成本账户	根据产品种类设立明细	直接材料
		直接人工
		制造费用
制造费用分配	采用工时比例法	
月末完工产品与在产品之间生产成本分配	采用约当产量比例法	

表 3-11 税务标准

税种	税率
增值税	13%
城市维护建设税	7%

续表

税种	税率
教育费附加	3%
地方教育费附加	2%
企业所得税	25%

表 3-12 利润分配标准

利润项目	分配标准
法定盈余公积	年底按照企业税后利润的 10% 提取
投资者利润分配事项	由董事会决议

任务三 会计综合实训案例资料

一、期初资料

淮安市山青塑业有限公司
科目余额表
2021 年 10 月 31 日

类别及科目名称	方向	计量单位	金额/元
资产:			
库存现金	借		6 000.00
银行存款	借		2 423 620.00
中国工商银行青阳支行	借		423 620.00
交通银行淮安清河支行	借		2 000 000.00
应收票据	借		636 244.60
大连天晴环保有限公司	借		636 244.60
应收账款	借		695 230.00
上海市临海汽车有限公司	借		231 400.00
淮安市北平塑料制品有限公司	借		113 830.00
清都环境建设有限公司	借		350 000.00
其他应收款	借		23 047.70
张梅	借		10 000.00
李楠	借		13 047.70
坏账准备	贷		6 952.30
预付账款	借		630 000.00

续表

类别及科目名称	方向	计量单位	金额/元
天津原野化工材料有限公司	借		630 000.00
原材料	借		**425 600.00**
PP 材料(聚丙烯)	借		231 000.00
		吨	30
PE 材料(聚乙烯)	借		164 800.00
		吨	20
添加剂	借		29 800.00
		吨	2
周转材料	借		**267 280.00**
库存商品	借		**1 080 000.00**
塑品 301A	借		432 000.00
		件	36 000
塑品 522B	借		648 000.00
		件	48 000
固定资产	借		**4 813 000.00**
房屋	借		3 200 000.00
生产设备	借		253 000.00
办公设备	借		360 000.00
运输设备	借		1 000 000.00
累计折旧	贷		**2 411 270.00**
房屋	贷		1 020 720.00
生产设备	贷		625 040.00
办公设备	贷		113 200.00
运输设备	贷		652 310.00
在建工程	借		**626 196.00**
厂房	借		626 196.00
无形资产	借		**200 000.00**
商标权	借		200 000.00
累计摊销	贷		**130 000.00**
资产合计			**9 277 996.00**
负债:			
短期借款	贷		**350 000.00**
中国工商银行青阳支行	贷		350 000.00

续表

类别及科目名称	方向	计量单位	金额/元
应付票据	贷		**320 000.00**
北平市塑料制品有限公司	贷		320 000.00
应付账款	贷		**629 000.00**
长春盛海化工有限公司	贷		374 500.00
江苏圣天塑料有限公司	贷		254 500.00
应付职工薪酬	贷		**327 870.00**
职工工资、奖金及补贴	贷		231 220.00
养老保险	贷		46 244.00
医疗保险	贷		20 810.00
失业保险	贷		3 468.00
生育保险	贷		1 850.00
工伤保险	贷		1 156.00
住房公积金	贷		23 122.00
应交税费	贷		**208 380.00**
未交增值税	贷		174 000.00
应交城市维护建设税	贷		12 180.00
应交个人所得税	贷		13 500.00
应交教育费附加	贷		5 220.00
应交地方教育费附加	贷		3 480.00
负债合计			**1 835 250.00**
所有者权益：			
实收资本	贷		2 900 000.00
资本公积	贷		396 075.00
盈余公积	贷		80 690.00
法定盈余公积	贷		80 690.00
本年利润	贷		3 205 191.00
利润分配	贷		860 790.00
未分配利润	贷		860 790.00
所有者权益合计			**7 442 746.00**
负债及所有者权益合计			**9 277 996.00**

提示：

以上资料是模拟企业10月末相关会计科目的账户余额。

淮安市山青塑业有限公司
2021 年 1—10 月损益类科目累计发生额表

科目名称	累计借方	累计贷方
主营业务收入	10 607 484.00	10 607 484.00
塑品 301A	6 364 490.00	6 364 490.00
塑品 522B	4 242 994.00	4 242 994.00
其他业务收入	423 560.00	423 560.00
营业外收入	15 000.00	15 000.00
主营业务成本	3 373 179.00	3 373 179.00
塑品 301A	2 100 281.00	2 100 281.00
塑品 522B	1 272 898.00	1 272 898.00
其他业务成本	217 560.00	217 560.00
税金及附加	121 923.00	121 923.00
销售费用	943 256.00	943 256.00
运杂费	610 000.00	610 000.00
展览费	3 256.00	3 256.00
广告费	330 000.00	330 000.00
管理费用	3 157 270.00	3 157 270.00
职工薪酬	2 775 320.00	2 775 320.00
办公费	36 578.00	36 578.00
差旅费	94 236.00	94 236.00
水电费	77 450.00	77 450.00
业务招待费	45 680.0	45 680.0
无形资产摊销	28 562.00	28 562.00
折旧费	22 350.00	22 350.00
修理费	35 620.00	35 620.00
其他	41 474.00	41 474.00
财务费用	6 523.00	6 523.00
利息支出	6 323.00	6 323.00
邮电费及手续费	200.00	200.00
营业外支出	4 600.00	4 600.00
所得税费用	16 542.00	16 542.00

二、经济业务及其原始凭证

淮安市山青塑业有限公司 2021 年 11 月发生如下经济业务。

【业务 1】11 月 1 日,技术部的王强预借现金 2 000 元,赴外地参加行业技术会议。

原始凭证:借据。

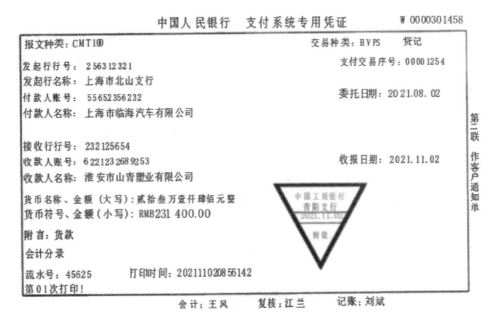

【业务 2】11 月 2 日,企业收到银行入账通知单,上海市临海汽车有限公司还前欠货款共计 231 400 元。

(1)在 8 月初,销售部与上海市临海汽车有限公司签订了购销合同,约定了回款期限为 3 个月。

(2)原始凭证:中国人民银行支付系统专用凭证。

【业务 3】11 月 3 日,财务部门出纳开出中国工商银行青阳支行的现金支票,提取现金 3 000 元备用。现金支票票号为 00264533。

原始凭证:现金支票存根。

中国工商银行
现金支票存根
№ 00264533

附加信息

出票日期 2021 年 11 月 03 日

收款人：淮安市山青塑业有限公司

金　额：3 000 元

用　途：备用金

单位主管 成希　　会计 王凤霞

【业务 4】11 月 4 日，销售部的孙铭到财务部报销印刷费用，出纳以现金支付。
原始凭证：电子增值税专用发票。

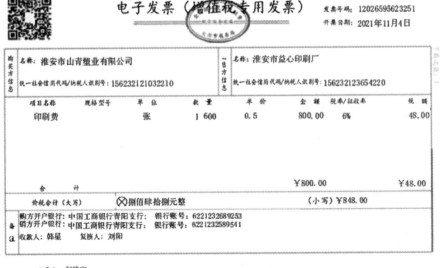

【业务 5】11 月 5 日，企业支付上月应付的职工工资，财务部门开出中国工商银行青阳支行转账支票，通过开户银行转入职工工资代发账户统一发放。转账支票票号是 01596522。
原始凭证：工资结算汇总表、转账支票存根。

工资结算汇总表

2021 年 10 月 31 日   单位:元

部门		应发工资					代扣金额				实发工资
		基本工资	奖金	补贴	请假	合计	社会保险	住房公积金	个人所得税	合计	
					病假	事假						
生产车间	生产工人	150 000	24 000	800	800	1 200	172 800	18 144	17 280	3 650	39 074	133 726
	管理人员	6 000	1 200	200	0	0	7 400	777	740	200	1 717	5 683
销售部门		12 000	700	500	300	500	12 400	1 302	1 240	570	3 112	9 288
管理部门		20 000	12 800	6 000	180	0	38 620	4 055	3 862	1 020	8 937	29 683
合计		188 000	38 700	7 500	1 280	1 700	231 220	24 278	23 122	5 440	52 840	178 380

会计主管:王兰   审核:刘梦   制表:张芳

中国工商银行
转账支票存根
№01596522

附加信息

出票日期 2021 年 11 月 05 日

收款人:工资户

金　额: 178 380元

用　途: 职工工资

单位主管 成希　　会计 王凤霞

提示:
　　企业发放职工工资有两种形式:一种是当月发放,即预先支付,下月结算;另一种是次月发放,即据实结算发放。本书案例采用后一种方式。当月工资费用计提一般在月末进行。

【业务6】11月6日,采购部从辽宁省大连市普发材料有限公司采购了PP材料(聚丙烯)25吨。材料已经运抵企业,并验收入库。企业已收到增值税专用发票,发票上注明的金额为190 875元,税额是24 813.75元。货款尚未支付。

原始凭证:增值税专用发票、入库单。

淮安市山青塑业有限公司
材料入库单

供应单位:大连市普发材料有限公司　　2021年11月06日　　编号001号
合同号:21-110634　　　　　　　　　　　　　　　　　　　　　仓库:2号

材料类别	材料名称	规格	计量单位	数量 应收	数量 实收	单价	金额	运杂费	合计	单位成本
原料及主要材料	PP材料(聚丙烯)		吨	25	25	7635	190 875		190 875	7 635
	合计			25	25		190 875		190 875	

备注:

采购:王卫东　　　　　　　　验收:张晓霞　　　　　　　　仓库保管:刘凤

【业务7】11月7日,企管部采购办公用品花费1 030元。供货方属于小规模纳税人。财务部门出纳开出转账支票用于支付,转账支票票号是01596521。

原始凭证:增值税普通发票、转账支票存根。

电子发票（普通发票）

发票号码：12026595665230
开票日期：2021年11月7日

购买方信息	名称：淮安市山青塑业有限公司 统一社会信用代码/纳税人识别号：156232121032210		销售方信息	名称：淮安市办公用品店 统一社会信用代码/纳税人识别号：156232123654220	

项目名称	规格型号	单位	数量	单价	金额	税率/征收率	税额
购置办公用品		件	20	50	1 000.00	3%	30.00
合计					¥1 000.00		¥30.00

价税合计（大写）	⊗壹仟零叁拾元整	（小写）¥1 030.00

备注	购方开户银行：中国工商银行青阳支行 银行账号：6221232689253 销方开户银行：中国工商银行青阳支行 银行账号：6221232546950 收款人：孙玉兰　复核人：王飞

开票人：刘丹阳

中国工商银行
转账支票存根
№ 01596521

附加信息

出票日期　2021年11月07日

收款人：淮安市办公用品店
金　额：¥1 030.00
用　途：购置办公用品

单位主管　成希　　会计　王凤霞

【业务8】11月8日，大连天晴环保有限公司购耐腐蚀塑品301A 18 000个。企业已经开出增值税专用发票，发票上注明的单价为40元/件（不含税），价税合计813 600元。双方约定回款期限为1个月。

原始凭证：增值税专用发票、产品出库单。

电子发票(增值税专用发票) 发票号码:12026595623123
开票日期:2021年11月8日

购买方信息	名称:大连天晴环保有限公司 统一社会信用代码/纳税人识别号:1562256223656202		销售方信息	名称:淮安市山青塑业有限公司 统一社会信用代码/纳税人识别号:156232121032210			
项目名称	规格型号	单位	数量	单价	金额	税率/征收率	税额
塑品	301A	件	18 000	40	720 000.00	13%	93 600.00
合计					¥720 000.00		¥93 600.00
价税合计(大写)	⊗捌拾壹万叁仟陆佰元整				(小写)¥813 600.00		
备注	购方开户银行:中国工商银行盛北支行 销方开户银行:中国工商银行青阳支行 收款人:钱川 复核人:王莉		银行账号:123021562530 银行账号:6221232689253				

开票人:于彩凤

淮安市山青塑业有限公司
产品出库单

收货单位:大连天晴环保有限公司　　2021年11月08日　　　　　　　　　编号:第001号

货号	名称及规格	单位	数量	单价(元)	金额	备注
S301A	塑品301A	件	18 000	40	720 000	
合计					720 000	

第四联　会计联

销售主管:苏阳　　　　　仓库保管:刘维　　　　　经办:刘蒙

注意:
出库单共有四联。
(1)第一联的存根由销售部门保留。
(2)第二联由仓库保留。
(3)在每个月底,仓库会将出库数量进行汇总,连同出库单的第三联一起提交给财务部门。
(4)第四联由销售部门在销售当天交给财务部门。

【业务9】11月9日,企业缴纳各类税款,包括上月未交的增值税174 000元、城市维护建设税12 180元、教育费附加5 220元,地方教育费附加3 480元;缴纳企业代扣的职工个人11月应缴未缴的个人所得税13 500元。税款通过交通银行淮安支行划转。
原始凭证:电子纳税付款凭证。

注意：

(1) 电子缴税付款凭证，是纳税人开户银行根据接收的电子缴款书相关要素信息生成的，是从纳税人账户划转税款资金的专用凭证。电子缴税付款凭证一式两联：第一联作付款银行记账凭证；第二联交纳税人作付款回单，纳税人以此作为缴纳税款的会计核算凭证。需要注意的是，电子缴税付款凭证必须加盖银行章方为有效。

(2) 一般纳税人企业增值税和附加税按月申报。附加税包含城市维护建设税、教育费附加、地方教育费附加。城市维护建设税按缴纳的增值税的7%缴纳；教育费附加按缴纳的增值税的3%缴纳；地方教育费附加按缴纳的增值税的2%缴纳。

【业务10】11月10日，企业缴纳上月职工社会保险和住房公积金。"五险一金"已于上月末计算并记入相关成本费用账户中。企业和职工个人负担的社会保险及住房公积金一并通过交通银行淮安支行进行缴纳。

原始凭证：社会保险和住房公积金缴费汇总表、银行缴款凭证。

社会保险和住房公积金缴费汇总表

2021 年 11 月 10 日　　　　　　　　　　　　　　　　　　　　　　单位:元

项目	企业	个人	合计
养老保险	46 244.00	18 497.00	64 741.00
医疗保险	20 810.00	4 625.00	25 435.00
失业保险	3 468.00	1 156.00	4 624.00
工伤保险	1 156.00		1 156.00
生育保险	1 850.00		1 850.00
住房公积金	23 122.00	23 122.00	46 244.00
合计	96 650.00	47 400.00	144 050.00

会计主管:王兰　　　　　　　审核:刘梦　　　　　　　制表:于彩凤

交通银行(淮安)支行电子缴税付款凭证

转账日期:2021年11月10日　　　　凭证字号:02530586

纳税人全称:淮安市山青塑业有限公司
纳税人识别号:156232121032210
付款人全称:淮安市山青塑业有限公司
付款人账号:110001859765635147703
付款人开户行:交通银行淮安支行
小写(合计)金额:¥97806.00
大写(合计)金额:人民币玖万柒仟捌佰零陆元整

征收机关名称:国家税务总局淮安市税务局
收款国库(银行)名称:国家金库淮安市支库
缴款书交易流水号:WQ0000106856
税票号码:WQ0000106856

税(费)种名称	所属日期	实缴金额(单位:元)
社会保险费——养老保险	20211001-20211031	64 741.00
社会保险费——医疗保险	20211001-20211031	25 435.00
社会保险费——失业保险	20211001-20211031	4 624.00
社会保险费——工伤保险	20211001-20211031	1 156.00
社会保险费——生育保险	20211001-20211031	1 850.00

(交通银行淮安支行 回单专用章(01))

打印时间:2021年11月10日

第二联 作付款回单(无银行收讫章无效)

交通银行电子回单凭证

回单编号:70764558301	回单类型:	业务名称:
凭证种类:	凭证号码:	借贷标志:借记	回单格式码:S
账号:110001859765635147703	开户行名称:交通银行淮安支行	
户名:淮安市山青塑业有限公司		
对方账号:110001859758901120721	开户行名称:交通银行淮安支行	
对方户名:淮安市山青塑业有限公司		
币种:CNY	金额:¥46 244.00	金额大写:肆万陆仟贰佰肆拾肆元整
兑换信息:	币种: 金额:0.00	牌价:0.00	币种: 金额:0.00
摘要:住房公积金		
附加信息:汇缴 00000004		
打印次数:0001	记账日期:20211110	会计流水号:CODD000400617658483
记账机构:02332003445	经办柜员:	记账柜员:	复核柜员:	授权柜员:
打印机构:02332014488	打印柜员:2018025077559223	批次号:

(交通银行淮安支行 回单专用章(01))

注意:

(1)社会保险是一种旨在为暂时或永久丧失劳动能力、暂时找不到工作或失去生活来源的劳动者提供国家和社会的物质帮助的制度。

①社会保险包括养老保险、失业保险、医疗保险、工伤保险和生育保险。根据法律规定,符合条件的雇主和雇员必须按规定缴纳社会保险费,形成社会保险基金,以保障劳动者在面临风险(如老年、疾病、失业等)时的基本生活需求。

②企业的社会保险缴费基数是根据上个年度职工工资总额确定的,根据国家相关部门规定的比例,企业承担一部分缴费,同时从应付给职工的薪酬中代扣职工个人应缴部分,并在社会保险管理机构规定的期限内一并缴纳。

(2)住房公积金是一种国家住房分配制度的转变,它是职工及其所在单位每月按规定缴存的属于个人所有的长期住房储金。

①它代表着由实物分配向货币分配的转变,单位和个人缴存的部分都应被视为工资,并归个人所有。这一制度的目的是逐步提高职工工资中用于住房消费的比例。

②企业的住房公积金缴费基数是根据上个年度职工工资总额确定的,根据国家相关部门规定的比例,企业承担一部分缴费,并从应付给职工的薪酬中代扣职工个人应缴部分,需要在住房公积金管理机构规定的期限内一并缴纳。

(3)个人所得税是对个人工资、奖金、劳务报酬等收入征收的税,是以纳税人在一定期间内的所得为征税对象的一种税。向个人支付所得的单位或个人是扣缴义务人,要依法办理全员全额扣缴申报。

【业务11】11月12日,按购销合同约定,企业按期支付11月6日从辽宁省大连市普发材料有限公司采购PP材料(聚丙烯)25吨的欠款215 688.75元,款项通过中国工商银行青阳支行汇出。

原始凭证:银行电汇凭证。

【业务12】11月13日,清都环境建设有限公司归还上月所欠货款350 000元,交来银行汇票一张,票号为25635210。企业已经将汇票送存中国工商银行青阳支行。

原始凭证:银行进账单。

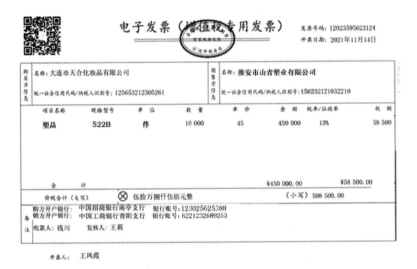

【业务13】11月14日,大连市天合化妆品有限公司购定制塑品522B 10 000件。企业已经开出增值税专用发票,发票上注明的单价为45元/件(不含税),价税合计508 500元。产品已发出,货款尚未收到。

原始凭证:增值税专用发票、产品出库单。

淮安市山青塑业有限公司

产品出库单

购货单位:大连市天合化妆品有限公司　2021年11月14日　　　　编号:第002号

货号	名称及规格	单位	数量	单价(元)	金额	备注
S522B	塑品522B	件	10 000	45	450 000	
合计					450 000	

第四联　会计联

销售主管:苏阳　　　　仓库保管:刘维　　　　经办:刘蒙

【业务14】11月15日,企业支付组织全体技术人员参加专业技术能手培训项目的费用。企业已收到培训公司开具的培训费增值税专用发票,价税合计3 180元。款项通过中国工商银行青阳支行转账支票支付,票号为01596524。

原始凭证:电子增值税专用发票、转账支票存根。

电子发票（增值税专用发票）
发票号码：12026595986230
开票日期：2021年11月15日

购买方：淮安市山青塑业有限公司
统一社会信用代码/纳税人识别号：156232121032210

销售方：淮安市宏图培训公司
统一社会信用代码/纳税人识别号：156232123675410

项目名称	规格型号	单位	数量	单价	金额	税率/征收率	税额
项目培训费		项	1	3 000.00	3 000.00	6%	180.00
合　计					¥3 000.00		¥180.00

价税合计（大写）：叁仟壹佰捌拾元整　（小写）¥3 180.00

购方开户银行：中国工商银行青阳支行　银行账号：6221232689253
销方开户银行：中国工商银行青阳支行　银行账号：6221232985410

收款人：刘洋梅　复核人：刘芳　开票人：吴淞

中国工商银行
转账支票存根
No 01596524

附加信息

出票日期 2021年11月16日
收款人：淮安市宏图培训公司
金　额：¥3 180.00
用　途：项目培训费
单位主管 成布　会计 王凤霞

【业务15】11月16日，企业支付淮安市天虹广告有限公司广告宣传费，已收到广告公司开具的增值税专用发票，价税合计159 000元，款项通过中国工商银行青阳支行转账支票支付，票号为01596525。

原始凭证：电子增值税专用发票、转账支票存根。

电子发票（增值税专用发票）
发票号码：12026594125230
开票日期：2021年11月16日

购买方：淮安市山青塑业有限公司
统一社会信用代码/纳税人识别号：156232121032210

销售方：淮安市天虹广告有限公司
统一社会信用代码/纳税人识别号：156232123845110

项目名称	规格型号	单位	数量	单价	金额	税率/征收率	税额
广告宣传费					150 000.00	6%	9 000.00
合　计					¥150 000.00		¥9 000.00

价税合计（大写）：壹拾伍万玖仟元整　（小写）¥159 000.00

购方开户银行：中国工商银行青阳支行　银行账号：6221232689253
销方开户银行：中国工商银行青阳支行　银行账号：6221232952560

收款人：冯丹　复核人：王玉玲　开票人：周慧

【业务16】11月18日,生产车间进行设备修理,企业已收到大连市机械加工有限公司开具的增值税专用发票,价税合计24 622.70元,款项暂未付。

原始凭证:增值税专用发票。

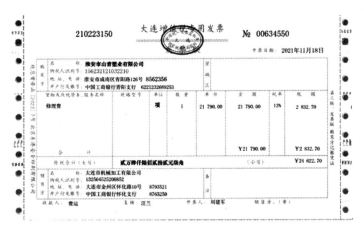

【业务17】11月19日,销售部的钟玲玲报销本月业务招待费900元,出纳以现金支付。

原始凭证:增值税发票。

【业务18】11月20日,清都环境建设有限公司购买耐腐蚀塑品301A 36 000个。企业已经开出增值税专用发票,发票上注明的单价为40元/个,价税合计1 627 200元。商品已发出,货款尚未支付。

原始凭证:增值税专用发票、产品出库单。

淮安市山青塑业有限公司
产品出库单

收货单位:清都环境建设有限公司　　2021年11月20日　　编号:第003号

货号	名称及规格	单位	数量	单价(元)	金额	备注
S301A	塑品301A	件	36 000	40	1 440 000	
合计					1 440 000	

销售主管:苏阳　　　　仓库保管:刘维　　　　经办:刘蒙

【业务19】11月21日,长青顺一美妆有限公司购买定制塑品522B 35 800件。企业已经开出增值税专用发票,发票上注明的单价为45元/件(不含税),价税合计1 820 430元。商品已发出,双方约定赊销期限为3个月。

原始凭证:增值税专用发票、产品出库单。

淮安市山青塑业有限公司
产品出库单

收货单位:长青顺一美妆有限公司　　2021 年 11 月 21 日　　　　　　编号:第 004 号

货号	名称及规格	单位	数量	单价(元)	金额	备注
S522B	塑品 522B	件	35 800	45	1 611 000	
合计			35 800		1 611 000	

第四联　会计联

销售主管:苏阳　　　　　　仓库保管:刘维　　　　　　经办:刘蒙

【业务 20】11 月 22 日,青山制药有限公司购买耐腐蚀塑品 301A 26 500 个,单价为 40 元/件(不含税)。企业已经开出增值税专用发票,价税合计 1 197 800 元。货款暂欠,还款期限为 15 天。商品已发出。

原始凭证:产品出库单、增值税专用发票。

淮安市山青塑业有限公司
产品出库单

收货单位:青山制药有限公司　　2021 年 11 月 22 日　　　　　　编号:第 005 号

货号	名称及规格	单位	数量	单价(元)	金额	备注
S301A	塑品 301A	件	26 500	40	1 060 000	
合计			26 500		1 060 000	

第四联　会计联

销售主管:苏阳　　　　　　仓库保管:刘维　　　　　　经办:刘蒙

【业务 21】11 月 24 日,技术部的王强报销差旅费,其中交通费 800 元、市内车费 120 元、住宿费 300 元(150 元/天×2 天)、出差补助费 300 元(150 元/天×2 天)。余款 480 元退回。

原始凭证:差旅费报销单、现金收据。

差旅费报销单

2021 年 11 月 24 日

姓名			王强			出差事由		洽谈业务		
出发地			到达地			公出补助		车船飞机费	卧铺	住宿费	市内车费	合计金额
月	日	时	地点	月	日	时	地点	天数	标准	金额
11	21	8	淮安	11	22		大连				400			80	480
11	22		大连	11	24		淮安	2	150	300	400		150×2=300	40	1 040
合计人民币(大写):壹仟伍佰贰拾元整										￥1 520.00
备注										

【业务 22】11 月 25 日,从恒力塑料有限公司预订的 17 吨 PE 材料(聚乙烯)到货。企业取得增值税专用发票,发票上注明的单价为 8 000 元,价税合计 153 680 元。材料经验收合格后入库。货款未付。

原始凭证:增值税专用发票、材料入库单。

淮安市山青塑业有限公司
材料入库单

供应单位:恒力塑料有限公司　　　2021 年 11 月 25 日　　　　　　编号 002 号
合同号:21-112535　　　　　　　　　　　　　　　　　　　　　　　仓库:2 号

材料类别	材料名称	规格	计量单位	数量 应收	数量 实收	单价	金额	运杂费	合计	单位成本
原料及主要材料	PE材料（聚乙烯）		吨	17	17	8 000	136 000		136 000	8 000
	合计			17	17		136 000		136 000	
备注:										

采购:王卫东　　　　　　　验收:张晓霞　　　　　　　仓库保管:刘风

【业务 23】11 月 26 日,2021 年 1 月 26 日从银行借入的 10 个月期限的短期借款到期,本金为 350 000 元,年利率为 6.5%,借款全部偿清(借款利息按月支付)。

(1)月利息:350 000×6.5%/12×1 元＝1 895.8 元。
(2)原始凭证:贷款利息计算表、进账单(收账通知)。

贷款利息计算表
2021 年 11 月 26 日　　　　　　　　　　　　　　　　　　　　　　单位:元

贷款项目	贷款期限	贷款本金	贷款年利率	月利息
短期借款	2021.01.26—2021.11.26	350 000.00	6.5%	1 895.80
合计				1 895.80

会计主管:王兰　　　　　　审核:刘梦　　　　　　制表:王凤霞

【业务 24】11 月 27 日,银行转来自来水公司托收承付凭证。同时,企业收到淮安市自来水有限公司开具的增值税专用发票。淮安市的工业用水价格为 5.5 元/吨(不含税),企业共计耗水 5 320 吨,价税合计 31 893.40 元。经统计,当月生产车间生产产品用水 5 150 吨,行政管理部门用水 170 吨。

原始凭证:托收承付凭证、增值税专用发票、自来水费用分配表。

自来水费用分配表

2021 年 11 月 27 日   金额单位:元

分配对象	耗用数量(吨)	单价	金额
生产车间	5 150	5.5	28 325.00
行政管理部门	170	5.5	935.00
合计	5 320		29 260.00

会计主管:王兰　　　　　　　审核:刘梦　　　　　　　制表:王霞

【业务 25】11 月 28 日,银行转来供电公司托收承付凭证。同时,企业收到淮安市电力有限公司开具的增值税专用发票。淮安市的工业用电价格为 0.8 元/度(不含税),企业共计耗电 27 030 度,价税合计 24 435.12 元。本月生产车间生产产品用电 22 730 度,行政管理部门用电 4 300 度。

原始凭证:托收承付凭证、增值税专用发票、用电费用分配表。

用电费用分配表

2021 年 11 月 28 日　　　　　　　　　　　　　　　　　　　　金额单位:元

分配对象	耗用数量(度)	单价	金额
生产车间	22 730	0.8	18 184.00
行政管理部门	4 300	0.8	3 440.00
合计	27 030		21 624.00

会计主管:王兰　　　　　　　审核:刘梦　　　　　　　　　　　　制表:王霞

【业务 26】11 月 29 日,财务部分计算和提取本月固定资产折旧。

原始凭证:固定资产折旧费用计算表。

固定资产折旧计算表

2021 年 11 月 30 日　　　　　　　　　　　　　　　　　　　　单位:元

应借科目	使用部门	上月固定资产折旧额	上月增加固定资产折旧额	上月减少固定资产折旧额	本月固定资产折旧额
制造费用	基本生产车间	43 000.00	600.00		43 600.00
管理费用	行政管理部门	12 600.00		300.00	12 300.00
合计		55 600.00	600.00	300.00	55 900.00

会计主管:王兰　　　　　　　审核:刘梦　　　　　　　　　　　　制表:王霞

【业务 27】11 月 30 日,企业摊销本月无形资产。企业原以 98 000 元购入商标使用权,按照使用期 6 年进行摊销,截至 10 月末已经摊销了 19 个月。

原始凭证:无形资产摊销表。

无形资产摊销表

2021 年 11 月 30 日　　　　　　　　　　　　　　　　　　　　　　　　　　单位:元

项目	原值	摊销期	当月摊销额	累计摊销额	摊销余额
商标使用权	98 000	6 年	1 361.11	27 222.2	70 777.8
合计	98 000	6 年	1 361.11	27 222.2	70 777.8

主管:王兰　　　　　　　　　　　审核:刘梦　　　　　　　　　　　制表:王霞

【业务 28】11 月 30 日,财务部门按照工资结算表计提本月职工工资费用、企业负担的职工社会保险和住房公积金。

原始凭证:工资结算汇总表、职工社会保险和住房公积金计提表。

工资结算汇总表

2021 年 11 月 30 日　　　　　　　　　　　　　　　　　　　　　　　　　　单位:元

部门		应发工资						代扣金额				实发工资
		基本工资	奖金	补贴	请假		合计	社会保险	住房公积金	个人所得税	合计	
					病假	事假						
生产车间工人	塑品 301A	90 000	10 800	480	200	700	100 380	10 886	10 368	2 127	23 381	76 999
	塑品 522B	60 000	7 200	320	100	0	67 420	7 258	6 912	1 417	15 587	51 833
生产车间管理人员		6 000	1 000	200	0	100	7 100	777	740	191	1 708	5 392
销售部门		12 000	700	400	300	0	12 800	1 302	1 240	588	3 130	9 670
管理部门		20 000	3 500	700	180	0	24 020	4 055	3 862	634	8 551	15 469
合计		188 000	23 200	2 100	780	800	211 720	24 278	23 122	4 957	52 357	159 363

会计主管:王兰　　　　　　　　　　　审核:刘梦　　　　　　　　　　　制表:张芳

职工社会保险和住房公积金计提表(单位部分)

2021 年 11 月 30 日　　　　　　　　　　　　　　　　　　　　　　　　　　单位:元

部门		养老保险(20%)	医疗保险(9%)	失业保险(1.5%)	工伤保险(0.5%)	生育保险(0.8%)	住房公积金(10%)	合计
生产车间工人	塑品 301A	20 736	9 332	1 556	519	830	10 380	43 353
	塑品 522B	13 824	6 220	1 036	345	552	6 900	28 877

续表

部门	养老保险(20%)	医疗保险(9%)	失业保险(1.5%)	工伤保险(0.5%)	生育保险(0.8%)	住房公积金(10%)	合计
生产车间管理人员	1 480	666	111	37	59	740	3 093
销售部门	2 480	1 116	186	62	99	1 240	5 183
管理部门	7 724	3 476	579	193	309	3 862	16 143
合计	46 244	20 810	3 468	1 156	1 849	23 122	96 649

会计主管:王兰　　　　　　　　审核:刘梦　　　　　　　　制表:王凤霞

【业务29】11月30日,企业向淮安市留情敬老院捐款共计180 000元,财务部门开出中国工商银行青阳支行转账支票,票号是01596540。

原始凭证:转账支票存根、收据。

【业务30】11月30日,材料库转来当月发料汇总表。采用加权平均法计算发出材料成本,产品生产材料一次性投入使用。

原始凭证:发出原材料汇总表、领料单。

发出材料(原材料)汇总表

2021 年 11 月 30 日　　　　　　　　　　　　　　　　　　　　　　　　　单位:元

领用部门		PP 材料(聚丙烯)			PE 材料(聚乙烯)			添加剂			金额合计
		数量(吨)	单价	金额	数量(吨)	单价	金额	数量(kg)	单价	金额	
生产车间	塑品301A	25	7 670.45	191 761.25	12	8 129.73	97 556.76	30	14.9	447	289 765.01
	塑品522B	13	7 670.45	99 715.85	8	8 129.73	65 037.84	10	14.9	149	164 902.69
合计		38		291 477.10	20		162 594.60	40		596	454 667.70

会计主管:王兰　　　　　　　　　会计:封维　　　　　　　　　制表:刘风

淮安市山青塑业有限公司
领料单

2023 年 11 月 10 日　　　　　　　　　　　　　　　　　　　　编号:第 001 号

领料部门:生产车间　　　　　　　　　　　　　　　　　　　　仓库:2 号

料类别	材料名称及规格	计量单位	数量		单价	金额
			请领	实领		
原材料	PP 材料(聚丙烯)	吨	20	20		
原材料	PE 材料(聚乙烯)	吨	10	10		
辅助材料	添加剂	kg	40	40		
合计						

第三联　会计联

部门负责人:陈深　　　　　仓库保管:张峰　　　　　经办人:李小阳

淮安市山青塑业有限公司
领料单

2023 年 11 月 18 日　　　　　　　　　　　　　　　　　　　　编号:第 002 号

领料部门:生产车间　　　　　　　　　　　　　　　　　　　　仓库:2 号

材料类别	材料名称及规格	计量单位	数量		单价	金额
			请领	实领		
原材料	PP 材料(聚丙烯)	吨	10			
原材料	PE 材料(聚乙烯)	吨	4			
合计			14			

第三联　会计联

部门负责人:陈深　　　　　仓库保管:张峰　　　　　经办人:李小阳

淮安市山青塑业有限公司
领料单

2023 年 11 月 23 日　　　　　　　　　　　　　　　　　　　　　编号：第 003 号

领料部门：生产车间　　　　　　　　　　　　　　　　　　　　　仓库：2 号

材料类别	材料名称及规格	计量单位	数量 请领	数量 实领	单价	金额
原材料	PP 材料（聚丙烯）	吨	8			
原材料	PE 材料（聚乙烯）	吨	6			
合计			14			

部门负责人：陈深　　　　　　仓库保管：张峰　　　　　　　　经办人：李小阳

第三联　会计联

提示：
（1）在日常操作中，材料库的工作人员根据领料单（一式三联，第一联由领料部门保留，第二联和第三联提交给仓库）发放材料，仅记录数量，不记录金额。

（2）到了月底，材料库的工作人员根据领料单进行汇总，编制发料汇总表，填写汇总表中的数量，并将其与领料单的第三联一同交给财务部门。财务人员负责填写单价，计算金额。

【业务 31】11 月 30 日，财务部门根据材料库转来的领料单、发出材料汇总表，编制周转材料费用分配表。周转材料成本采用加权平均法计算。本月生产车间领用的包装材料完全用于完工产品的包装，成本计入"生产成本"中。

原始凭证：发出（耗用）周转材料费用分配表、领料单（略）。

发出（耗用）周转材料费用分配表

2021 年 11 月 30 日　　　　　　　　　　　　　　　　　　　　　　单位：元

应借科目		包装材料	辅助材料	维修用备件	劳保材料	合计金额
生产成本	塑品 301A	143 400.00	2 899.00		4 200.00	150 499.00
	塑品 522B	67 800.00	1 255.00		2 300.00	71 355.00
制造费用				13 544.00	1 766.00	15 310.00
销售费用		4 500.00	1 500.00	204.00	535.00	6 739.00
管理费用				1 377.00	2 000.00	3 377.00
合计		215 700.00	5 654.00	15 125.00	10 801.00	247 280.00

会计主管：王兰　　　　　　　审核：刘梦　　　　　　　　制表：封维

【业务 32】11 月 30 日，财务部门计算并结转制造费用。本月共发生制造费用 137 402 元；本月产品生产共耗用 40 000 工时，其中生产塑品 301A 耗用 25 000 工时，生产塑品 522B 耗用 15 000 工时。

原始凭证:制造费用分配表。

制造费用分配表

2023 年 11 月 30 日　　　　　　　　　　　　　　　　　　　　　　　　　　　　　单位:元

应借科目		成本费用项目	分配标准 (生产工时)	分配率	分配金额
生产成本	塑品 301A	制造费用	25 000	3.435 05	85 876.00
	塑品 522B	制造费用	15 000	3.435 05	51 526.00
合计			40 000		137 402.00

会计主管:王兰　　　　　　　　　审核:刘梦　　　　　　　　　制表:封维

【业务 33】11 月 30 日,本月生产塑品 301A 共计完工入库 55 000 件,月末无在产品;生产塑品 522B 完工入库 27 000 件,月末在产品约当产量 3 000 件。财务部门计算结转完工产品成本。

原始凭证:塑品 301A 产品成本计算表、塑品 522B 产品成本计算表、产品入库单。

产品成本计算表

2021 年 11 月

产品名称:塑品 301A

完工数量:55 000 件　　　　　　　　　　　　　　　　　　　　　　　　　　　　单位:元

成本项目	直接材料	直接人工	制造费用	合计
月初在产品成本	—	—	—	—
本月生产费用	440 264.01	143 733.00	85 876.00	669 873.01
生产费用合计	440 264.01	143 733.00	85 876.00	669 873.01
完工产品成本	440 264.01	143 733.00	85 876.00	669 873.01
月末在产品成本	—	—	—	—

主管:王兰　　　　　　　　　审核:刘梦　　　　　　　　　制表:封维

产品成本计算表

2021 年 11 月

产品名称:塑品 522B

完工数量:27 000 件　　　　　　　　　　　　　　　　　　　　　　　　　　　　单位:元

成本项目	直接材料	直接人工	制造费用	合计
月初在产品成本	—	—	—	—
本月生产费用	236 257.69	96 297.00	51 526.00	384 080.69
生产费用合计	236 257.69	96 297.00	51 526.00	384 080.69
完工产品成本	212 631.92	86 667.30	46 373.40	345 672.62
月末在产品成本	23 625.77	9 629.70	5 152.60	38 408.07

主管:王兰　　　　　　　　　审核:刘梦　　　　　　　　　制表:封维

淮安市山青塑业有限公司
产品入库单

2021 年 11 月 30 日 　　　　　　　　　　　编号:第 001 号
　　　　　　　　　　　　　　　　　　　　　仓库:1 号

货号	名称及规格	单位	数量	单价(元)	金额	备注
S301A	塑品 301A	件	55 000			
S522B	塑品 522B	件	27 000			
合计						

第四联 会计联

主管:苏阳　　　　　　　仓库保管:刘凤　　　　　　　经办人:李晓阳

提示:
　　在日常操作中,成品库在每月入库完工产品时,只填写入库单并记录数量,不记录金额。在月底时,财务人员按照生产成本期初金额、成品库入库单和车间在产品报告单来编制产品成本计算表。

【业务 34】11 月 30 日,财务部门计算并结转本期已销售的产品成本。
原始凭证:产品销售成本计算表。

产品销售成本计算表

2021 年 11 月 30 日　　　　　　　　　　　　　　　　　　　　　单位:元

产品名称	期初结存			本期完工入库			本期销售		
	数量	单位成本	总成本	数量	单位成本	总成本	数量	单位成本	总成本
塑品 301A	36 000	12	432 000.00	55 000	12.18	669 873.01	80 500	12.11	974 855.00
塑品 522B	48 000	13.5	648 000.00	27 000	12.34	345 672.62	45 800	13.25	606 850.00
合计									1 581 705.00

会计主管:王兰　　　　　　　审核:刘梦　　　　　　　制表:王霞

【业务 35】11 月 30 日,财务部门计算当月应缴未缴的增值税税额。
原始凭证:应缴未缴增值税计算表。

应缴未缴增值税计算表

2021 年 11 月 30 日　　　　　　　　　　　　　　　　　　　　　单位:元

本月销项税额合计	
本月进项税额合计	
上期留抵进项税额	
本期应缴增值税额	

会计主管:王兰　　　　　　　审核:刘梦　　　　　　　制表:刘芳

【业务36】11月30日,财务部门计提本月的营业税金及附加。计算的依据是本月应缴未缴的增值税税额。其中城市维护建设税的税率为7%,教育费附加的税率为3%,地方教育费附加的税率为2%。

原始凭证:税金及附加计算表。

税金及附加计算表

2021年11月　　　　　　　　　　　　　　　　　　　　　　　　　单位:元

税费	计税(征)依据	税率(征收率)	金额
城市维护建设税			
教育费附加			
地方教育费附加			
合计			

主管:王兰　　　　　　　　　审核:刘梦　　　　　　　　　制表:刘芳

【业务37】11月30日,财务部门结转期末结转损益(期末结转损益不需要原始凭证)。

提示:
　　财务部门要在期末将所有损益类科目当月发生额汇总结转到本年利润科目,用于计算当期利润,不需要原始凭证。

【业务38】30日,财务部门计提并结转当月所得税费用。

任务四　会计综合实训任务

一、填制记账凭证

按照任务三实训案例资料内容,使用正确的会计科目,根据审核没有差错的原始凭证或者汇总原始凭证完成记账凭证填制。本实训案例使用通用记账凭证。记账凭证项目内容填写要完整、准确,所附原始凭证要正确。

二、登记会计账簿

根据实训案例需要设置总账、日记账和明细账会计账簿,并根据审核无误的记账凭证登记相关账簿。为了节约实训成本,现金日记账和银行存款日记账合并成一本日记账,总账为一本,明细账账页根据实训需要设置页数,实训后装订为一本。

三、编制会计报表

会计报表是会计核算的最终结果,是会计处理从会计凭证到会计账簿再到会计报表这一程序的最终环节,内容包括资产负债表、利润表、现金流量表、所有者权益变动表和附注。本书项目二中提供了资产负债表、利润表和现金流量表模板。根据实训案例资料要求,完成资产负债表和利润表(月报)的编制。

四、实训成果资料

实训成果资料见表 3-13。

表 3-13 实训成果资料

内容		数量/册
总账		1
明细账		1
日记账	现金日记账	1
	银行存款日记账	
记账凭证	凭证封面	1
	通用凭证	
会计报表	资产负债表	1
	利润表	
实训总结		1

项目三实训二维码

项目四　会计信息系统应用

职业能力目标

知识目标：
1. 了解会计信息系统的概念。
2. 了解会计信息系统各模块的功能。
3. 熟悉会计信息系统的操作。

能力目标：
1. 能够了解和熟悉会计信息系统的功能及内部控制流程。
2. 掌握会计信息系统各模块的应用。

素养目标：
1. 培养学生的保密意识。
2. 提高学生分工协作的能力。
3. 培养学生爱岗敬业、遵守职业道德的自觉性。
4. 培养学生的信息化能力、持续学习的能力。

· 内容导读 ·

基于"项目导向、任务驱动、学做合一"的理念，本项目主要学习会计信息系统、会计信息系统软件使用实务等内容，并要求完成会计信息系统相关综合实训任务（本项目实训案例以金蝶会计软件为载体设计）。

任务一　了解会计信息系统

会计信息系统（accounting information system）是企业信息系统中的一个重要子系统。它是以提供会计信息为目的，采用现代信息处理技术，对会计信息进行采集、存储、处理及传送，完成会计反映、控制职能的系统。

在整个会计信息系统中，会计信息处于核心的地位。会计信息的收集、处理到会计信息的输出，最终传递给决策者和使用者，是一个信息流动的过程。这个过程伴随着对会计活动的管理与控制。

任务二 了解会计信息系统的功能模块

一、会计信息系统的功能模块

为了满足企业管理需要,会计信息系统软件往往包含许多功能模块,各模块有各自的目标及任务,各模块既相互独立又相互联系,通过数据传输与信息共享,实现会计信息输出与会计监督控制的总目标。

目前市面上的会计软件的设计理念不同,包含的功能模块也各不相同。下面,以金蝶 KIS 软件为例进行介绍。

(一)账务处理模块

账务处理模块的功能如图 4-1 所示。

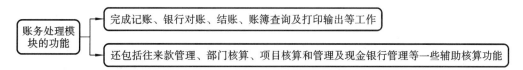

图 4-1 账务处理模块的功能

(二)固定资产管理模块

固定资产管理模块的功能如图 4-2 所示。

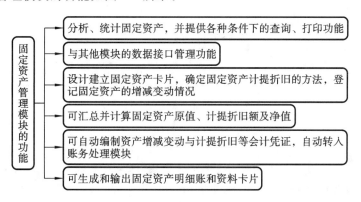

图 4-2 固定资产管理模块的功能

(三)工资管理模块

工资管理模块的功能如图 4-3 所示。

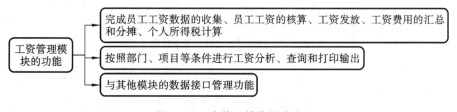

图 4-3 工资管理模块的功能

（四）应收、应付管理模块

应收、应付管理模块的功能如图 4-4 所示。

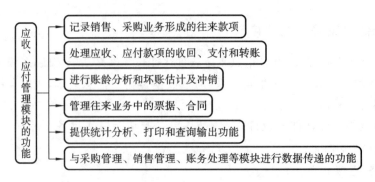

图 4-4　应收、应付管理模块的功能

（五）成本管理模块

成本管理模块的功能如图 4-5 所示。

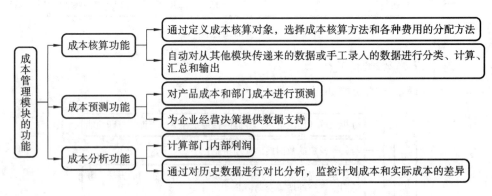

图 4-5　成本管理模块的功能

提示：
　　成本管理模块还具有同生产模块、供应链模块、账务处理模块、工资管理模块、固定资产管理模块和存货核算模块进行数据传递的功能。

（六）报表管理模块

报表管理模块的功能如图 4-6 所示。

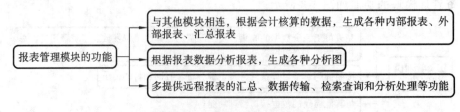

图 4-6　报表管理模块的功能

（七）存货核算模块

存货核算模块的功能如图 4-7 所示。

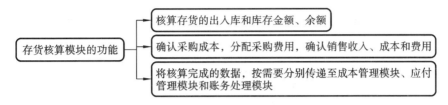

图 4-7　存货核算模块的功能

（八）财务分析模块

财务分析模块的功能如图 4-8 所示。

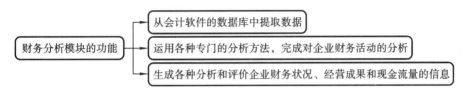

图 4-8　财务分析模块的功能

（九）预算管理模块

预算管理模块的功能如图 4-9 所示。

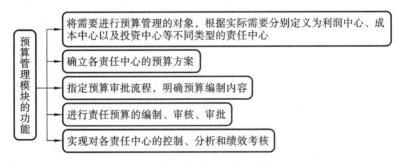

图 4-9　预算管理模块的功能

（十）项目管理模块

项目管理模块的功能如图 4-10 所示。

（十一）其他管理模块

其他管理模块一般包括领导查询模块、决策支持模块等。

二、会计信息系统功能模块的数据传递

会计软件各模块的数据传递功能见表 4-1。

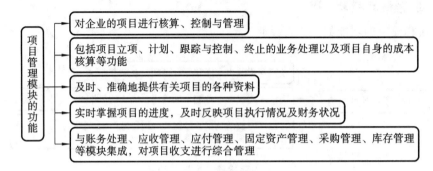

图 4-10 项目管理模块的功能

表 4-1 会计软件各模块的数据传递功能

传出模块	传入模块	传递	功能
存货核算模块	账务处理模块	生成存货入库、存货估价入账、存货出库、盘亏/毁损、存货销售收入、存货期初余额调整等业务的记账凭证并传递到账务处理模块	用户审核登记存货账簿
应付管理模块	账务处理模块	完成采购单据处理,供应商往来处理,票据新增、付款、退票处理等业务后,生成相应的记账凭证并传递到账务处理模块	用户审核登记赊购往来及其相关账簿
应收管理模块	账务处理模块	完成销售单据处理、客户往来处理、票据处理及坏账处理等业务后,生成相应的记账凭证并传递到账务处理模块	用户审核登记赊销往来及其相关账簿
固定资产管理模块	账务处理模块	生成固定资产增加、减少、盘盈、盘亏,固定资产变动,固定资产评估和折旧分配等业务的记账凭证并传递到账务处理模块	用户审核登记相关的资产账簿
工资管理模块	账务处理模块	进行工资核算,生成分配工资费用、应交个人所得税等业务的记账凭证并传递到账务处理模块	用户审核登记应付职工薪酬及相关成本费用账簿
成本管理模块	账务处理模块	若计入生产成本的间接费用与其他费用定义为来源于账务处理模块	可从账务处理模块中直接取得间接费用和其他费用的数据
成本管理模块	账务处理模块	若不使用工资管理、固定资产管理、存货核算模块,成本管理模块的成本核算完成后,要将结转制造费用、结转辅助生产成本、结转盘点损失以及结转工序产品耗用等记账凭证数据传递至账务处理模块	—

续表

传出模块	传入模块	传递	功能
存货核算模块	成本管理模块	将材料出库核算的结果传递到成本管理模块	—
存货核算模块	应付管理模块	把应计入外购入库成本的运费、装卸费等采购费用和应计入委托加工入库成本的加工费传递至应付管理模块	—
固定资产管理模块	成本管理模块	将固定资产折旧费用的数据传递到成本管理模块	—
工资管理模块	成本管理模块	为成本管理模块提供人工费资料	—
预算管理模块	其他模块	编制的预算经审核批准之后,生成各种预算申请单,分别传递给其他模块(账务处理模块、应收管理模块、应付管理模块、固定资产管理模块、工资管理模块),由各模块进行责任控制	—
项目管理模块	其他模块	发生和项目业务相关的收款业务时,可在应收发票、收款单或者退款单上输入相应信息,生成相应的业务凭证并传递到账务处理模块	—
项目管理模块	其他模块	发生和项目相关的采购活动时,其信息也可在采购申请单、采购订单、应付模块的采购发票上记录,将生成的业务凭证传递到账务处理模块	—
项目管理模块	其他模块	在固定资产管理模块引入项目数据能够更详细地归集固定资产建设及管理的数据	—
项目管理模块	其他模块	项目的领料和项目的退料活动等数据可在存货核算模块中进行处理,并生成相应凭证传递至账务处理模块	—
账务处理模块	各模块	各功能模块均可从账务处理模块获得相关的账簿信息	—

任务三 会计信息系统应用

一、系统管理与基础设置

(一)新建账套

1. 案例资料

新建账套信息,账套信息见表 4-2。

表 4-2 账套信息

项目	内容
账套号	AUT2021123
账套名称	腾飞公司
数据库路径	默认路径 C:\Program Files\Microsoft SQL Server\MSSQL\Data
公司名称	腾飞公司

2. 操作路径

选择"开始"→选择"程序"→选择"金蝶 KIS 专业版"→选择"工具"→选择"账套管理"→弹出账套管理"登录"对话框(见图 4-11,首次登录时系统默认用户名为 Admin、密码为空)→单击"确定"按钮→弹出"账套管理"窗口→单击菜单栏"新建"或选择"操作"菜单下的"新建账套"→弹出"新建账套"对话框(见图 4-12)→输入新建账套的信息(数据库路径由系统默认),全部输入完毕后单击"确定"按钮→显示新建账套进度(见图 4-13)→弹出"新建账套成功!"提示(见图 4-14)→单击"确定"按钮完成新建账套→新建账套出现在账套列表中(见图 4-15)。

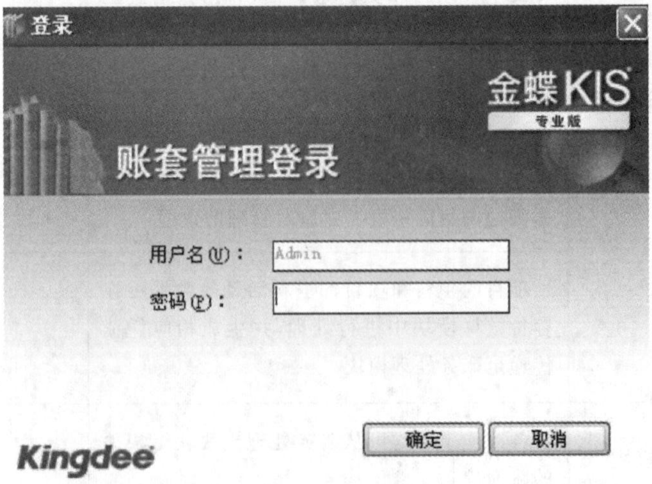

图 4-11 登录账套系统

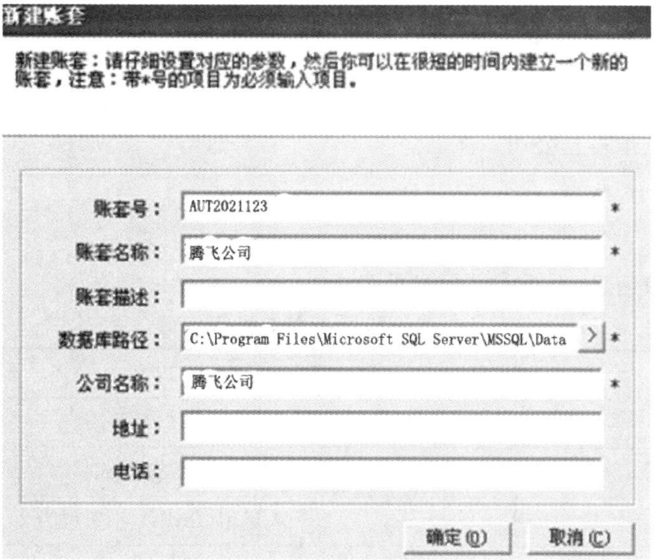

项目四　会计信息系统应用

图 4-12　新建账套

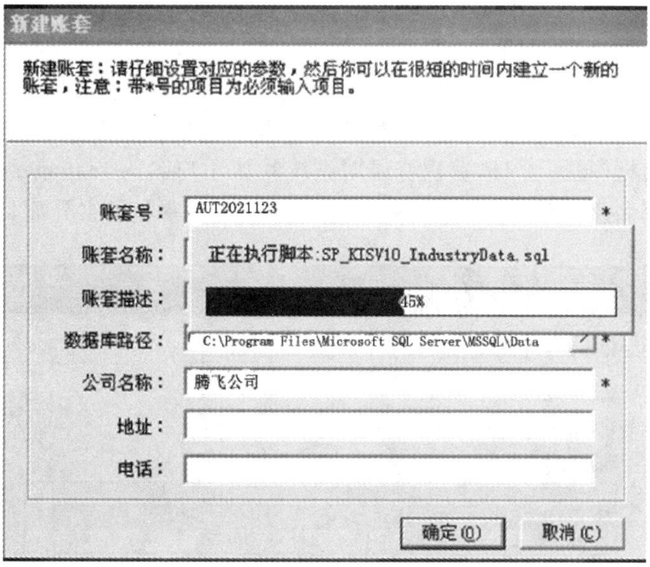

图 4-13　新建账套过程

图 4-14　新建账套成功

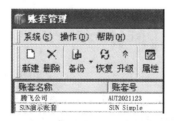

图 4-15　账套列表中出现新建账套

3. 实训任务

实训任务:新建账套。

资料:账套号为 AIS2013012;账套名称为衡星电子科技公司;数据库路径为默认路径;公司名称为衡星电子科技公司。

(二)设置系统参数

1. 案例资料

设置系统参数信息,系统参数信息见表 4-3。

表 4-3 系统参数信息

项目	内容
税号	136479
银行账号	62223545789
记账本位币	人民币(RMB),小数位为 2
会计期间界定方式	自然年度会计期间,会计期间数为 12
会计期间	2021 年 1 月 1 日至 2021 年 12 月 31 日
启用会计期间	2021 年 1 月 1 日

2. 操作路径

(1)选择"开始"→选择"程序"→选择"金蝶 KIS 专业版"→选择"金蝶 KIS 专业版"→弹出"系统登录"对话框(见图 4-16,首次登录时系统默认用户名为 manager、密码为空,需要注意选择正确的账套名称)→单击"确定"键→进入金蝶 KIS 专业版主界面。

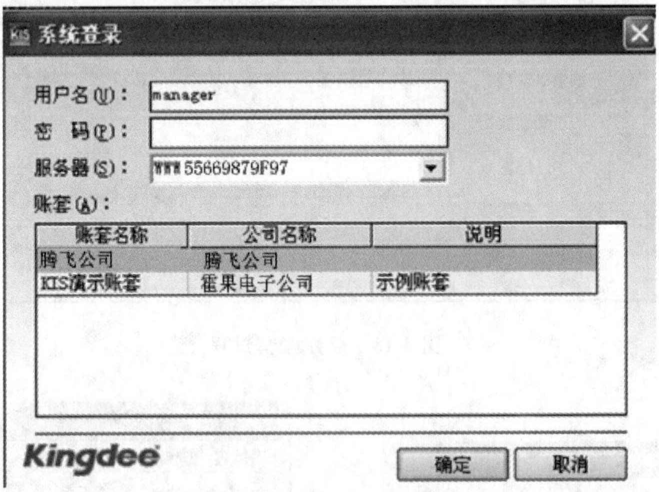

图 4-16 系统登录

(2)在金蝶 KIS 专业版主界面选择主功能选项栏中的"基础设置"(见图 4-17)→选择子功能选项栏中的"系统参数"→弹出"系统参数"对话框→选择"系统信息"选项卡→按表 4-3 提供的资料,依次输入税号、银行账号、记账本位币等资料信息(见图 4-18)。

图 4-17 金蝶 KIS 专业版主界面

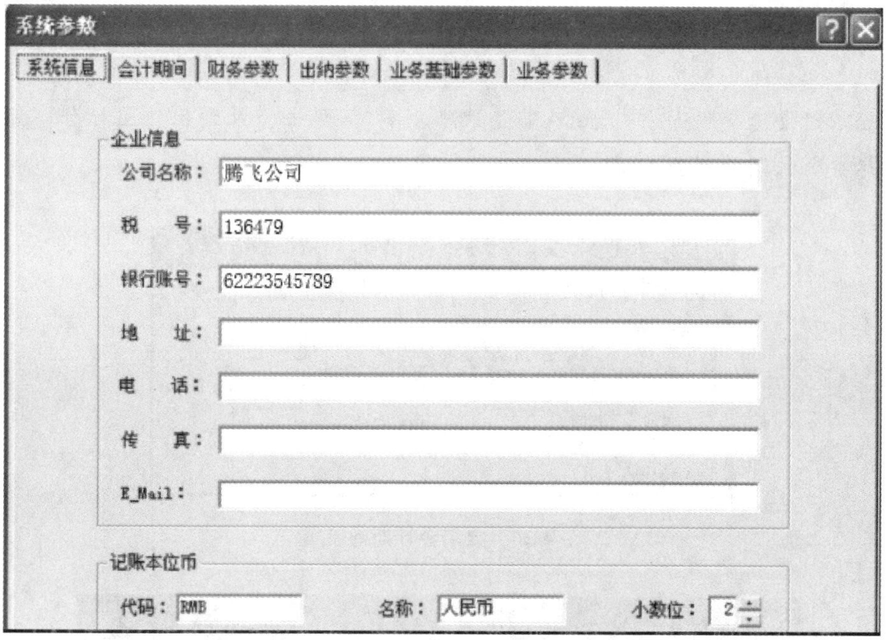

图 4-18 系统信息

(3)在"系统参数"对话框中选择"会计期间"选项卡→单击"设置会计期间"按钮→弹出"会计期间"对话框,按表 4-3 提供的资料,选择启用会计年度、自然年度会计期间、会计期间数等资料信息(见图 4-19)→单击"确认"按钮。

图 4-19 会计期间

(4)在"系统参数"对话框中选择"财务参数"选项卡,按表 4-3 提供的资料,选择启用会计年度、启用会计期间(见图 4-20)→单击"确定"→弹出"金蝶提示"对话框(见图 4-21)→单击"是"→弹出"金蝶提示"对话框(见图 4-22)→单击"确定"→弹出"系统登录"对话框(见图 4-23)。

注意:

在登录时要选择腾飞公司账套,若登录账套不对,单击登录到栏的图标 ,在账套列表中选择要登录到的账套。

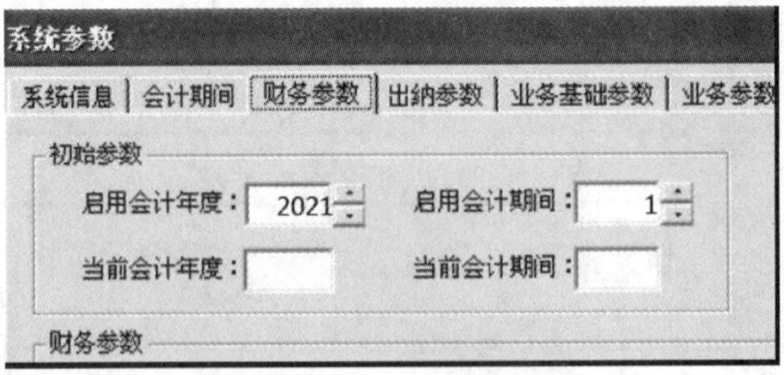

图 4-20 启用会计期间设置

图 4-21 确认账务初始参数提示

图 4-22 重新登录系统提示

图 4-23 重新登录系统

3. 实训任务

实训任务：设置系统参数。

资料：记账本位币为人民币（RMB），小数位为 2；会计期间为自然月份启用期间（2020 年 1 月）。

（三）增加用户组与用户

1. 案例资料

(1) 新建一个用户组（财务组）。

(2) 用户资料及设置用户操作权限见表 4-4。

表 4-4 用户资料及设置用户操作权限

序号	用户名	隶属（组）	权限
1	蒋毅	财务组	全部权限
2	陈星	财务组	基础资料、账务处理（除凭证审核、出纳复核）、固定资产、工资管理、应收应付
3	杨柳	财务组	基础资料、出纳管理、账务处理（查询所有凭证、查询本组凭证、出纳复核）

2. 操作路径

(1) 在金蝶 KIS 专业版主界面选择"基础设置"→选择"用户管理"→弹出"用户管理"对话框（见图 4-24）→单击"新建用户组"按钮→弹出"用户组属性"对话框→在"用户组名"中输入"财务组"→单击"确定"按钮。

(2) 在"用户管理"对话框单击"新建用户"按钮→弹出"新增用户"对话框→单击"用户"选项卡→在"用户姓名"中输入"蒋毅"（见图 4-25）→单击"用户组"选项卡→在屏幕显示的"新增用户"对话框的右栏中选择"财务组"→单击"添加"按钮（见图 4-26），将"财务组"选项移至"新增用户"对话框左栏（见图 4-27）→单击"确定"按钮，将用户蒋毅添加到"财务组"。依此类推，完成其余用户的添加，并把他们添加到"财务组"。

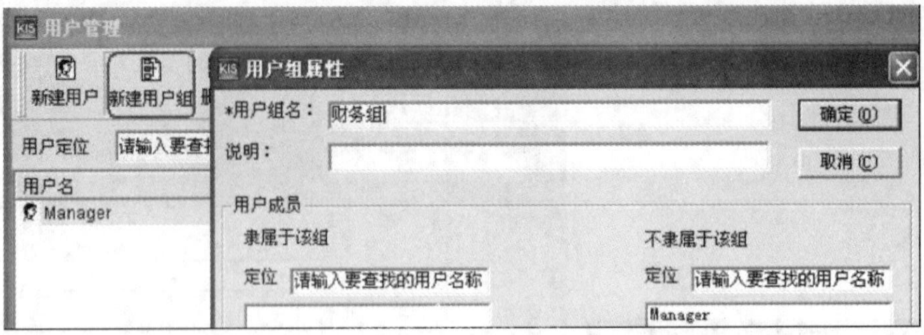

图 4-24 新建用户组

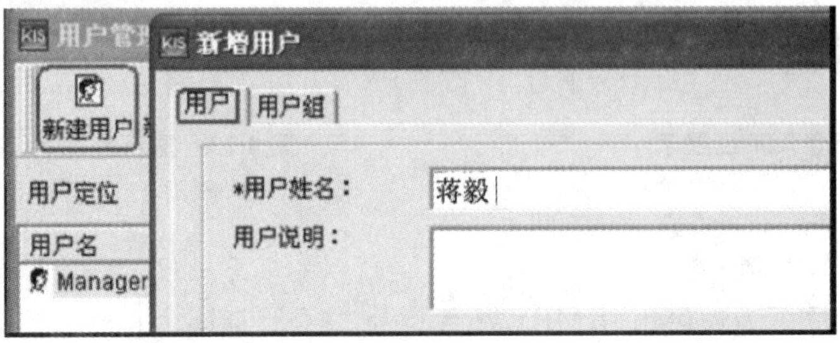

图 4-25 新建用户

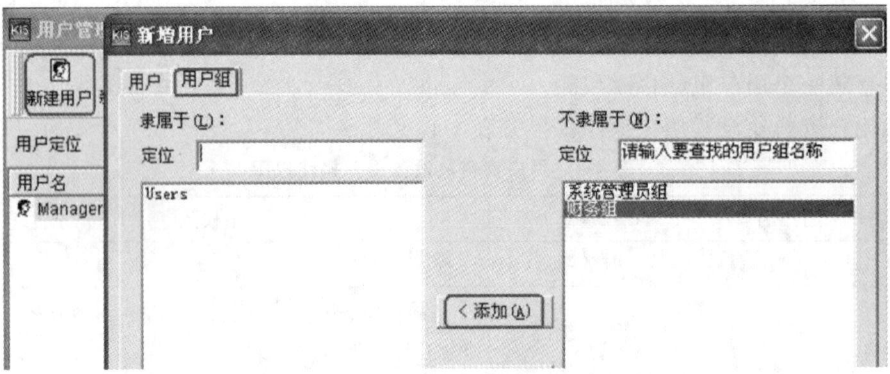

图 4-26 设置新建用户隶属的用户组

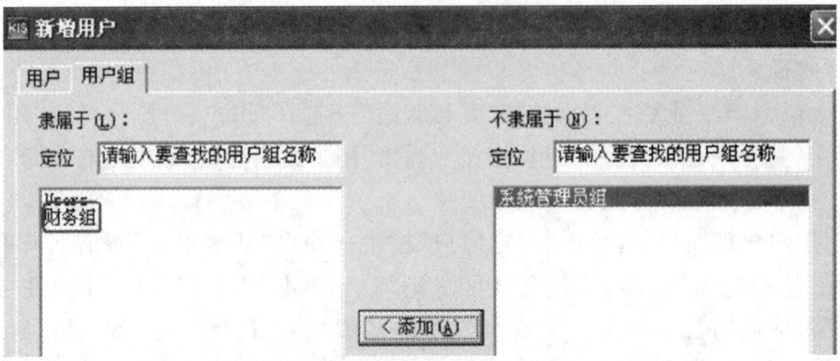

图 4-27 完成新建用户隶属的用户组设置

(3)完成用户蒋毅的操作权限设置:在"用户管理"对话框选择用户蒋毅→单击"功能权限管理"按钮→弹出"用户管理_权限管理　[蒋毅]"对话框→单击"全选"按钮→单击"授权"按钮(见图4-28)。

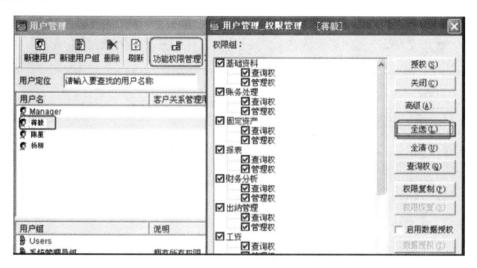

图4-28　设置用户蒋毅的操作权限

(4)把基础资料,账务处理,固定资产,工资,应收、应付管理模块的全部操作权限分配给用户陈星:在"用户管理"对话框选择用户陈星→单击"功能权限管理"按钮→弹出"用户管理_权限管理　[陈星]"对话框→在对话框左栏权限组的"基础资料""账务处理""固定资产""工资"以及"应收应付管理系统"前面打"√"→单击"授权"按钮(见图4-29)。

图4-29　设置用户陈星的操作权限

（5）剔除之前授权给陈星的账务处理模块的凭证审核和出纳复核操作权限：在"用户管理_权限管理 ［陈星］"对话框单击"高级"按钮→弹出"用户权限"对话框（见图4-30）→选择对话框左栏系统对象的"账务处理_凭证"→取消对话框右栏"审核"和"出纳复核"后面的"√"（见图4-31）→单击"授权"按钮。

图4-30　打开账务处理的操作权限

图4-31　取消勾选操作权限

(6)将基础资料和出纳管理模块的全部操作权限分配给用户杨柳:在"用户管理"对话框选择用户杨柳→单击"功能权限管理"按钮→弹出"用户管理_权限管理 [杨柳]"对话框→在对话框左栏权限组的"基础资料"和"出纳管理"前面打"√"→单击"授权"按钮(见图4-32)。

图 4-32　设置用户杨柳的基础资料和出纳管理模块的操作权限

(7)将账务处理模块的查询凭证和出纳复核两项操作权限分配给用户杨柳:在"用户管理_权限管理 [杨柳]"对话框单击"高级"按钮→弹出"用户权限"对话框→选择对话框左栏系统对象的"账务处理_凭证"→在对话框右栏的"查询所有凭证""查询本组凭证"和"出纳复核"后面打"√"(见图4-33)→单击"授权"按钮。

图 4-33　设置用户杨柳的账务处理模块的操作权限

3. 实训任务

实训任务：增加用户组与用户。

资料：在"用户管理"对话框中新建一个用户组（财务组）；在"用户管理"对话框中新建用户杨明，该用户隶属系统管理员组；在"用户管理"对话框中新建用户李想，该用户隶属财务组，拥有基础资料、出纳管理操作权限。

（四）从模板中引入会计科目

1. 案例资料

案例资料为模板中的会计科目（新会计准则科目）。

2. 操作路径

(1)在金蝶 KIS 专业版主界面选择"基础设置"→选择"会计科目"→进入"会计科目"窗口（见图 4-34）→单击菜单栏"文件"→选择"从模板中引入科目"→弹出"科目模板"对话框→选择"科目模板类型"为"新会计准则科目"→单击"引入"按钮（见图 4-35），打开"引入科目"对话框。

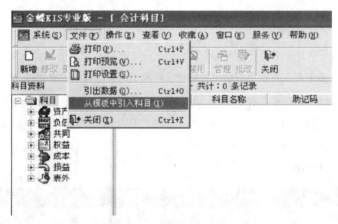

图 4-34　从模板中引入科目

(2)在"引入科目"对话框单击"全选"→单击"确定"按钮（见图 4-36）→引进所有新会计准则的一级科目→引入完毕后，弹出"引入成功！"提示信息对话框（见图 4-37）→单击"确定"按钮，关闭"会计科目"窗口。

图 4-35　选择科目模板类型

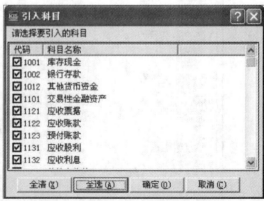

图 4-36　从模板中引入新会计准则科目

图 4-37 引入科目成功

（五）增加外币

1. 案例资料

增加外币，外币资料见表 4-5。

表 4-5 外币资料

币别代码	币别名称	记账汇率	折算方式	汇率类型
USD	美元	7.18	原币÷汇率＝本位币	浮动汇率

2. 操作路径

在金蝶 KIS 专业版主界面选择"基础设置"→选择"币别"→进入"币别"窗口→单击"新增"按钮→弹出"币别-新增"对话框→按表 4-5 所给外币资料，输入币别代码、币别名称和记账汇率，选择折算方式、汇率类型和金额小数位数（见图 4-38）→单击"确定"按钮，关闭"币别"窗口。

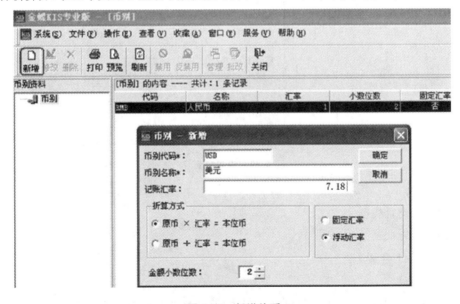

图 4-38 新增外币

3. 实训任务

实训任务:设置外币。

资料:新增币别为美元;币别代码为 USD;记账汇率为 7.20;折算方式为原币×汇率＝本位币;汇率类型为浮动汇率;金额小数位数为 2。

(六)设置凭证字

1. 案例资料

增加凭证字"记",凭证字资料见表 4-6。

表 4-6 凭证字资料

凭证字	限制类型	限制科目
记	无	无

2. 操作路径

在金蝶 KIS 专业版主界面选择"基础设置"→选择"凭证字"→进入"凭证字"窗口→单击"新增"按钮→弹出"凭证字-新增"对话框→按表 4-6 所给资料,输入凭证字"记"(见图 4-39)→单击"确定"按钮→返回"凭证字"窗口→设置完毕后关闭"凭证字"窗口。

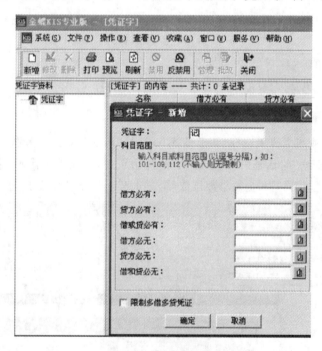

图 4-39 设置凭证字

3. 实训任务

实训任务:设置凭证字。

资料:新增凭证字"收""付""转"。

(七)设置计量单位

1. 案例资料

增加两个计量单位组和相应组里的计量单位,计量单位资料见表 4-7。

表 4-7 计量单位资料

计量单位组	代码	计量单位名称	换算率
重量组	KG	公斤	1
	T	吨	1000
数量组	J	件	1

2. 操作路径

（1）在金蝶 KIS 专业版主界面选择"基础设置"→选择"计量单位"→进入"计量单位"窗口→单击"新增"按钮→弹出"新增计量单位组"对话框→以重量组为例，按表 4-7 所给计量单位资料，输入计量单位组名称"重量组"（见图 4-40）→单击"确定"按钮，返回"计量单位"窗口。

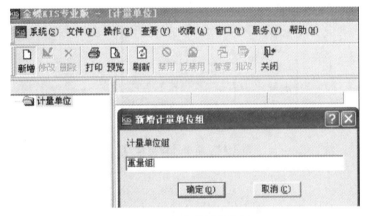

图 4-40　新增计量单位组

（2）在"计量单位"窗口左栏选择"重量组"→在右栏任意空白处单击，再单击"新增"按钮→弹出"计量单位-新增"对话框→按表 4-7 所给计量单位资料，输入代码"KG"、名称"公斤"、换算率"1"（见图 4-41）→单击"确定"按钮，返回"计量单位"窗口。

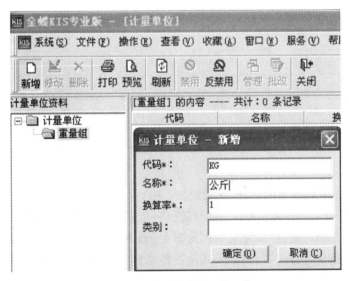

图 4-41　新增计量单位"KG"

（3）在"计量单位"窗口→单击"新增"按钮→弹出"计量单位-新增"对话框→按表 4-7 所给计量单位资料，输入代码"T"、名称"吨"、换算率"1000"（见图 4-42）→单击"确定"按钮，返回"计量单位"窗口→按表 4-7 所给计量单位资料输入数量组计量单位→单击"确定"按钮，返回"计量单位"窗口，关闭窗口。

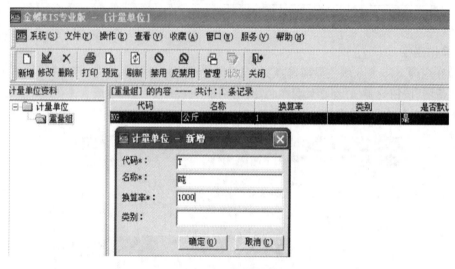

图 4-42　新增计量单位"T"

提示：
一个计量单位组有多个计量单位时，首先要输入换算率为 1 的计量单位。

（八）增加结算方式

1. 案例资料

增加四种结算方式，结算方式资料见表 4-8。

表 4-8　结算方式资料

代码	名称
ZY06	现金支票
ZY07	转账支票
ZY08	现金缴款单
ZY09	其他

2. 操作路径

在金蝶 KIS 专业版主界面选择"基础设置"→选择"结算方式"→进入"结算方式"窗口→单击"新增"按钮→弹出"结算方式-新增"对话框→以现金支票为例，按表 4-8 所给结算方式资料，输入代码"ZY06"、名称"现金支票"（见图 4-43）→单击"确定"按钮，返回"结算方式"窗口，再按表 4-8 所给结算方式资料，输入其他三种结算方式→单击"确定"按钮，返回"结算方式"窗口，关闭窗口。

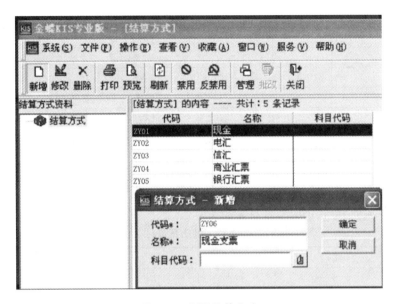

图 4-43 新增结算方式

3. 实训任务

实训任务:增加结算方式。

资料:结算方式代码为 JF06,名称为现金支票。

(九)增加核算项目

1. 案例资料

(1)新增客户资料,客户资料见表 4-9。

表 4-9 客户资料

代码	名称
01	枫叶公司
02	鸿蒙公司
03	临安公司
04	福明公司

(2)新增部门资料,部门资料见表 4-10。

表 4-10 部门资料

代码	名称
01	财务部
02	行政部
03	销售部(上级组)
03.01	销售一部
03.02	销售二部
04	生产部

(3)新增职员资料,职员资料见表 4-11。

表 4-11 职员资料

代码	名称	部门名称	性别
001	蒋毅	财务一部	男
002	陈星	财务二部	女
003	杨柳	财务三部	女
004	林青	行政部	女
005	张亮	销售一部	男
006	钱多多	销售二部	男
007	钟乔	生产部	男

(4) 新增供应商资料，供应商资料见表 4-12。

表 4-12 供应商资料

代码	名称
01	环宇公司
02	安阳公司
03	红硕公司
04	雨润公司

现以部门资料为例，讲解核算项目资料的设置。

2. 操作路径

(1) 在金蝶 KIS 专业版主界面选择"基础设置"→选择"核算项目"→进入"基础资料-部门"窗口→选择界面左栏的"部门"→在右栏任意空白处单击，再单击"新增"按钮→弹出"部门-新增"对话框→按表 4-10 所给部门资料，输入代码"01"、名称"财务部"（见图 4-44）→单击"保存"按钮。

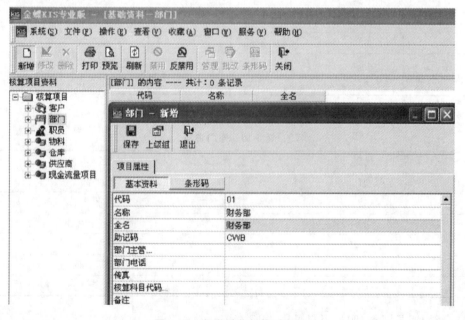

图 4-44 新增财务部部门资料

(2)在"部门-新增"对话框中,用同样的操作步骤完成行政部部门资料输入。

(3)在"部门-新增"对话框单击"上级组"按钮→输入名称"销售部"(见图 4-45)→单击"保存"按钮→单击"退出"按钮,返回"基础资料-部门"窗口。

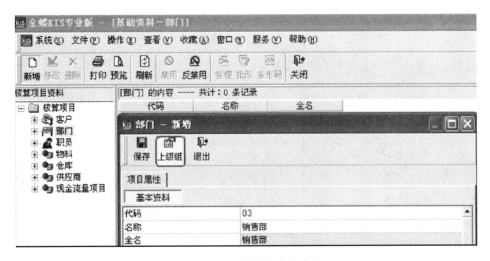

图 4-45　新增销售部部门资料

(4)在"基础资料-部门"窗口单击"新增"按钮→弹出"部门-新增"对话框→按表 4-10 所给部门资料,输入代码"03.01"、名称"销售一部"(见图 4-46)→单击"保存"按钮。用同样的方法完成销售二部和生产部部门资料的输入,资料输入完毕后退出"部门-新增"对话框。用同样的操作,按表 4-9、表 4-11 以及表 4-12 所给资料,依次完成客户、职员以及供应商资料的输入。

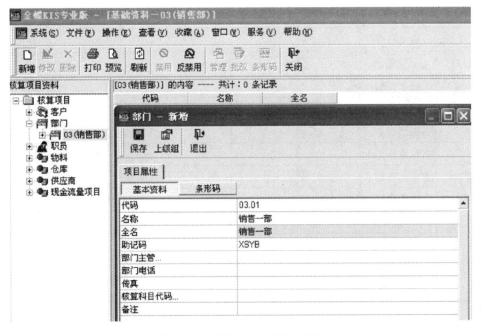

图 4-46　新增销售一部部门资料

（十）会计科目维护

1. 案例资料

会计科目资料见表4-13。注意：科目代码必须由上至下逐级添加，科目代码由"上级科目代码＋本级科目代码"组成，上下级科目代码要用小数点进行分隔。

表4-13 会计科目资料

科目代码	科目名称	外币核算	期末调汇	数量金额辅助核算	核算项目	备注
1001	库存现金					
1002	银行存款	所有币别	√			
1002.01	工商银行					
1002.02	中国银行	美元	√			
1122	应收账款				客户	
1123	预付账款				供应商	
1121	其他应收款					
1121.01	员工借款				职员	
1403	原材料					
1403.01	甲材料			√（计量单位：公斤）		
1403.02	乙材料			√（计量单位：公斤）		
1405	库存商品					
1405.01	A产品			√（计量单位：件）		
2202	应付账款				供应商	
2203	预收账款				客户	
2221	应交税费					
2221.01	应交增值税					
2221.01.01	进项税额					余额方向：借
2221.01.02	销项税额					
5001	生产成本					
6001	主营业务收入					
6401	主营业务成本					
6601	销售费用					
6601.01	广告费					
6601.02	其他					
6602	管理费用					
6602.01	职工薪酬					
6602.02	折旧费					
6602.03	通信费				部门职员	

续表

科目代码	科目名称	外币核算	期末调汇	数量金额辅助核算	核算项目	备注
6602.04	其他					
6603	财务费用					
6603.01	利息费用					
6603.02	汇兑损益					

提示：

会计科目维护主要涉及增加明细科目、设置外币核算科目、设置数量金额核算科目、设置核算项目类别等。

2. 操作路径

(1)"银行存款"科目的设置。在金蝶 KIS 专业版主界面选择"基础设置"→选择"会计科目"→进入"会计科目"窗口→选择界面右栏的"银行存款"→双击选中的"银行存款"或者单击"修改"按钮→弹出"会计科目-修改"对话框→按表 4-13 所给资料，选择外币核算"所有币别"，在"期末调汇"栏前面打"√"，在"出日记账"栏前面打"√"(见图 4-47)→依次单击"保存""退出"按钮，返回"会计科目"窗口。

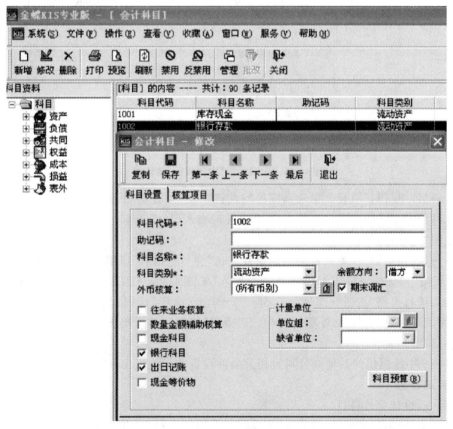

图 4-47 "银行存款"科目的设置

(2)明细科目"中国银行"的增加。在"会计科目"窗口单击"新增"按钮→弹出"会计科目-新增"对话框→按表 4-13 所给资料,输入科目代码"1002.02"、科目名称"中国银行",选择"外币核算"为"美元",在"期末调汇"栏前面打"√"(见图 4-48)→依次单击"保存""退出"按钮,返回"会计科目"窗口。

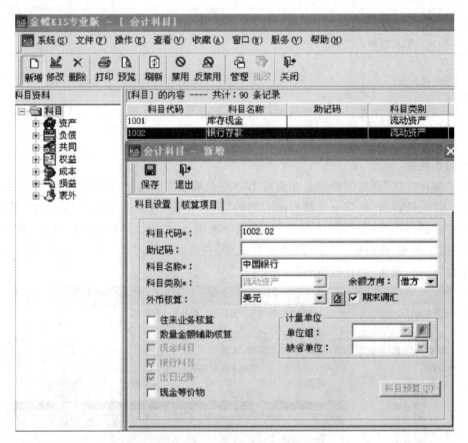

图 4-48　明细科目"中国银行"的增加

(3)科目"甲材料"数量金额辅助核算的设置。在"会计科目"窗口单击"新增"按钮→弹出"会计科目-新增"对话框→按表 4-13 所给资料输入(见图 4-49)→依次单击"保存""退出"按钮,返回"会计科目"窗口。

(4)科目"通信费"核算项目类别的设置。在"会计科目"窗口单击"新增"按钮→弹出"会计科目-新增"对话框→按表 4-13 所给资料输入(见图 4-50)→选择"核算项目"选项卡→单击"增加核算项目类别"按钮→选择"002 部门"→单击"确定"按钮(见图 4-51)→单击"增加核算项目类别"按钮→选择"003 职员"→单击"确定"按钮→依次单击"保存""退出"按钮,返回"会计科目"窗口。

表 4-13 中所提供的其他会计科目相关属性设置均可按以上方法进行操作。

3. 实训任务

任务一:设计会计科目。

(1)在会计科目"1002-银行存款"下设置一个明细科目,科目代码为 1002.01,科目名称为流动资产,外币核算为美元,期末调汇打"√"。

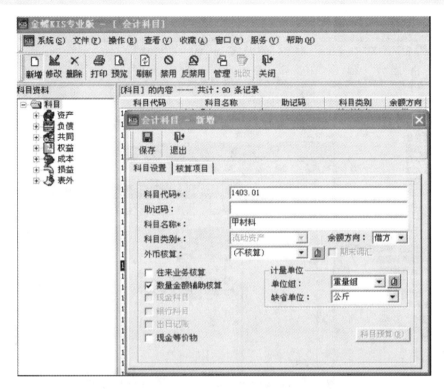

图 4-49 科目"甲材料"数量金额辅助核算的设置

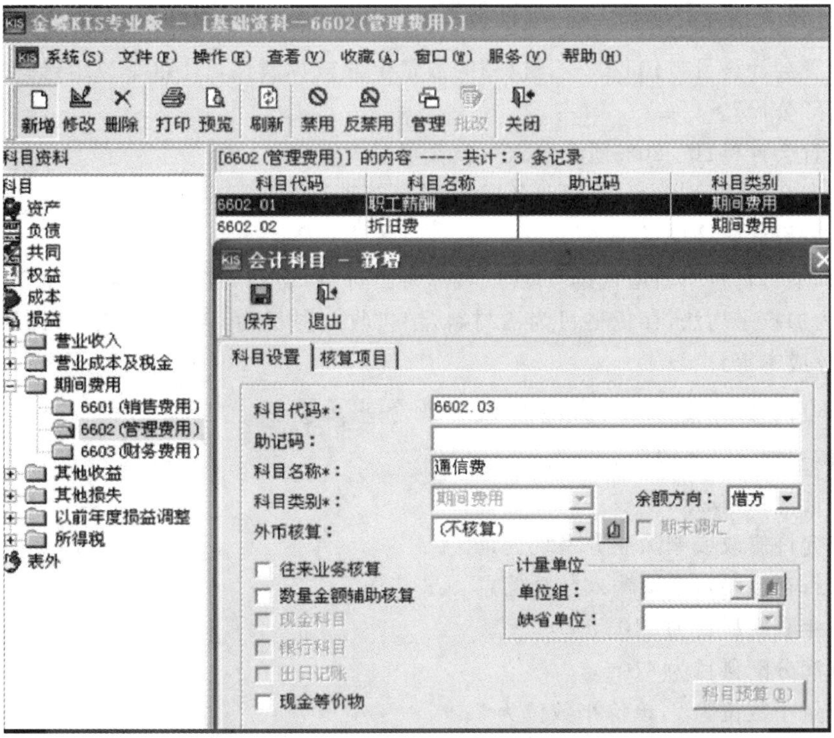

图 4-50 科目"通信费"资料输入

图 4-51 科目"通信费"核算项目类别的设置

(2)设置会计科目"1403.02-乙材料"的数量金额核算属性,计量单位组选择"重量",缺省单位选择"公斤"。

(3)设置会计科目"2203-预收账款",核算项目为客户。

(4)设置会计科目"6401-主营业务成本",核算项目为部门、物料。

任务二:设计核算科目。

在核算项目物料中新增代码02.01,名称为乙材料,物料属性为外购,计量单位为公斤,计价方法为加权平均法,存货科目为乙材料,销售收入科目为其他业务收入,销售成本科目为其他业务成本等。

(十一)设置财务参数、出纳参数和业务基础参数

1. 案例资料

(1)凭证过账前必须审核。

(2)不允许修改或删除业务系统凭证。

(3)银行存款科目必须输入结算信息。

(4)本年利润科目为4103。

(5)利润分配科目为4104。

(6)数量小数位为2,单价小数位为2。

(7)出纳管理系统启用会计年度为2021,启用会计期间为1。

(8)业务系统启用会计年度为2021,启用会计期间为1。

2. 操作路径

（1）在金蝶 KIS 专业版主界面选择"基础设置"→在子功能选项栏中选择"系统参数"→弹出"系统参数"对话框→选择"财务参数"选项卡→按所给案例资料要求进行财务参数设置（见图 4-52）→单击"确定"按钮。

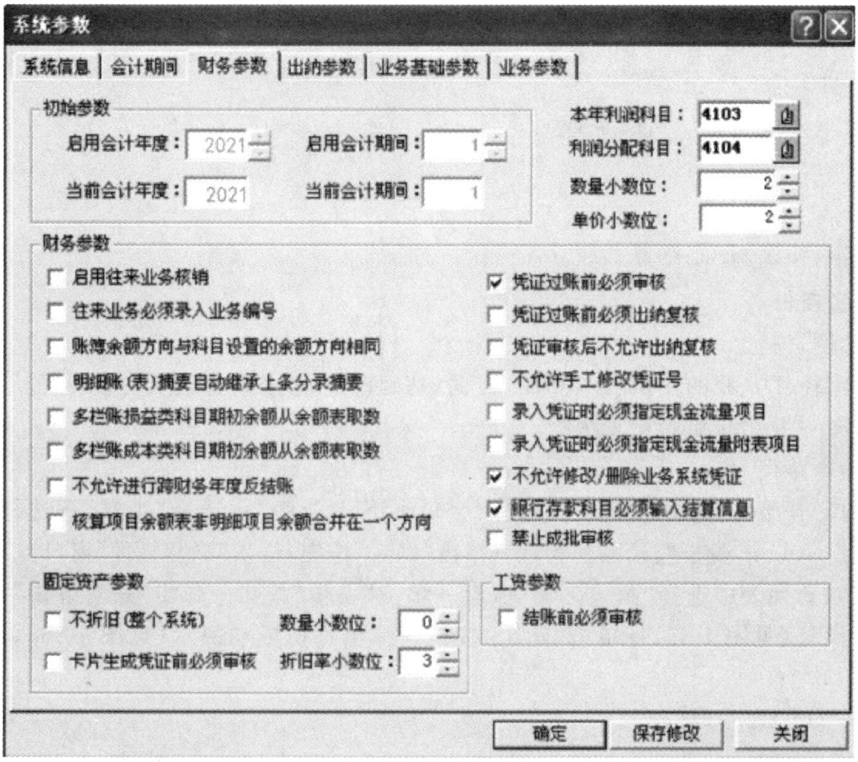

图 4-52 设置财务参数

（2）在"系统参数"对话框选择"出纳参数"选项卡→按所给的资料要求进行出纳参数设置（见图 4-53）→单击"确定"按钮→弹出确认启用出纳系统的提示对话框→选择"是"→重新登录提示对话框→单击"确定"→弹出"系统登录"对话框，重新登录金蝶 KIS 专业版主界面。

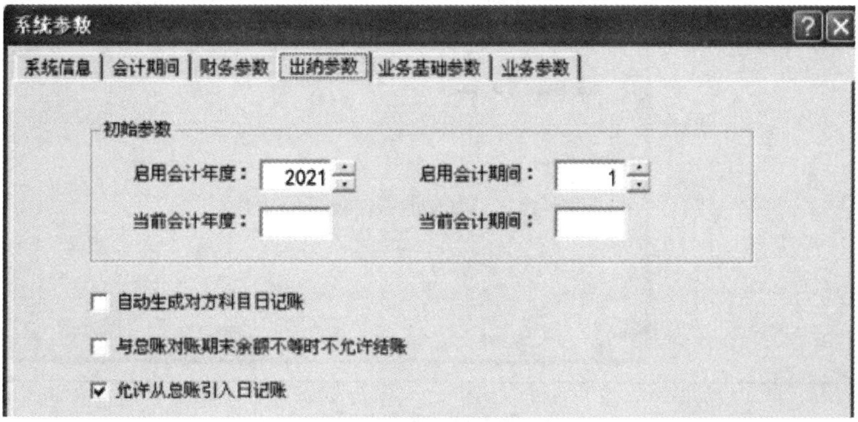

图 4-53 设置出纳参数

(3)在"系统参数"对话框选择"业务基础参数"选项卡→按所给资料要求进行业务基础参数设置(见图4-54)→单击"确定"按钮。

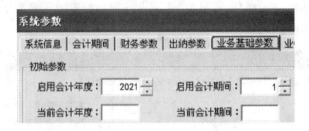

图 4-54　设置业务基础参数

(十二)账套恢复与备份

1. 账套备份

(1)案例资料。

备份路径:D:\我的文档\金蝶 KIS 实训\基础设置\。备份账套文件名称:腾飞公司(备份成功后有一组 dbb 和 bak 文件)。

(2)操作路径。

①选择"开始"→选择"程序"→选择"金蝶 KIS 专业版"→选择"工具"→选择"账套管理",以用户 Admin 身份登录账套管理→单击"确定"按钮,进入"账套管理"窗口。

②在账套列表中选择"腾飞公司"账套→单击"备份"按钮→弹出"账套备份"对话框→选择备份路径(见图4-55)→单击"确定"按钮→弹出备份成功提示(见图4-56),生成两个文件。

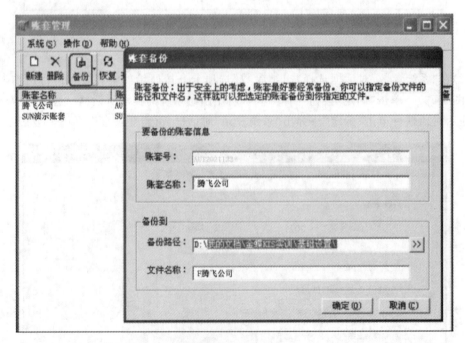

图 4-55　账套备份

图 4-56　账套备份成功提示

2. 账套恢复

(1)案例资料。

选择备份文件:D:\我的文档\金蝶 KIS 实训教程\基础设置\F 腾飞公司.dbb。恢复到文件路径:默认路径。

(2)操作路径

选择"开始"→选择"程序"→选择"金蝶 KIS 专业版"→选择"工具"→选择"账套管理",以用户 Admin 身份登录账套管理→单击"确定"按钮,进入"账套管理"窗口→单击"恢复"按钮→弹出"恢复账套"对话框→选择备份文件(见图 4-57)→单击"确定"按钮→弹出恢复账套成功提示。

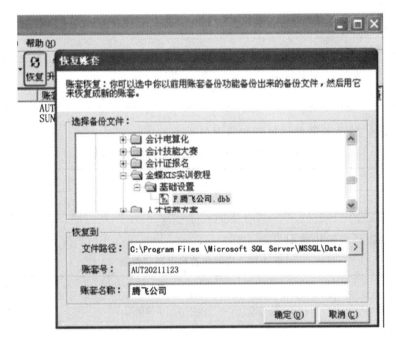

图 4-57　账套恢复

二、总账系统初始化

(一)科目初始数据

1. 案例资料

(1)科目初始余额资料见表 4-14。

表 4-14 科目初始余额资料

科目	外币/数量	汇率	借方金额/元	贷方金额/元
库存现金(1001)			35 100	
银行存款(1002)			2 513 160	
工商银行(1002.01)			1 077 160	
中国银行(1002.02)	200 000	7.18	1 436 000	
应收账款(1122)			175 500	
其他应收款(1221)			8 190	
员工借款(1221.01)			8 190	
坏账准备(1231)				5 850
原材料(1403)			81 900	
甲材料(1403.01)	1 000		23 400	
乙材料(1403.02)	500		58 500	
固定资产(1601)			6 552 000	
累计折旧(1602)				1 503 000
短期借款(2001)				117 000
应付账款(2202)				351 000
实收资本(4001)				7 389 000
合计			9 365 850	9 365 850

(2)其他应收款-员工借款科目期初数据见表 4-15。

表 4-15 其他应收款-员工借款科目期初数据

职员	金额/元
蒋毅	8 190

(3)应收账款科目期初数据见表 4-16。

表 4-16 应收账款科目期初数据

客户	金额/元	业务发生时间	收款期限
枫叶公司	100 000	2020-11-25	2021-02-01
临安公司	75 500	2020-12-15	2021-02-10

(4)应付账款科目期初数据见表 4-17。

表 4-17 应付账款科目期初数据

供应商	金额/元	业务发生时间	付款期限
环宇公司	200 000	2020-10-15	2021-02-05
红硕公司	151 000	2020-11-20	2021-03-10

2. 操作路径

(1)一般科目初始数据的录入。在金蝶KIS专业版主界面选择"初始化"→选择"科目初始数据"→进入"科目初始数据"窗口→录入数据(见图4-58)→录入完毕,单击"保存"按钮。

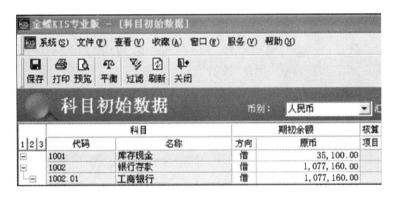

图 4-58 一般科目初始数据的录入

注意:

"科目初始数据"窗口仅能录入末级科目初始数据。

(2)外币科目初始数据的录入。以银行存款-中国银行科目为例,在"科目初始数据"窗口选择币别"美元"→根据表4-14资料,在中国银行原币栏输入"200000"(本位币栏自动生成"1,436,000.00",如图4-59所示)→单击"保存"按钮。

图 4-59 外币科目初始数据的录入

(3)核算项目初始数据的录入。以其他应收款-员工借款科目为例,在"科目初始数据"窗口选择"员工借款"科目→选择该科目核算项目栏打"√"(见图4-60)→弹出"核算项目初始余额录入"对话框→根据表4-15资料,选择职员蒋毅,输入原币"8190"(见图4-61)→依次单击"保存""关闭"按钮,返回"科目初始数据"窗口。

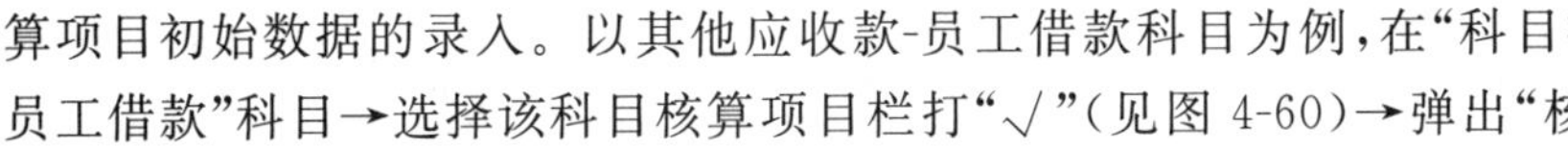

图 4-60 选择核算项目栏打"√"

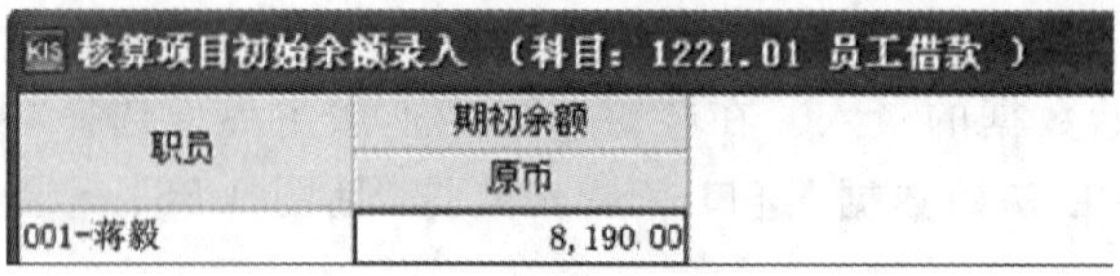

图 4-61 核算项目初始数据的录入

(4)数量金额科目初始数据的录入。以原材料-甲材料科目为例,在"科目初始数据"窗口单击"甲材料"科目→弹出"期初数量"列(见图 4-62)→根据表 4-14 资料,输入数量"1000",输入原币"20000"→单击"保存"按钮。

图 4-62 数量金额科目初始数据的录入

3. 实训任务

(1)录入科目初始数据:"1001-库存现金"年初余额人民币 50 000 元。

(2)录入科目初始数据:"1403.02-乙材料"年初数量 1 200 公斤(1 公斤=1 kg)、年初余额人民币 18 000 元。

(3)录入科目初始数据:"1002.02-中国银行"原币余额 40 000 美元。

(二)固定资产初始数据

1. 资产类别管理

(1)案例资料。

固定资产卡片类别管理资料见表 4-18。

表 4-18 固定资产卡片类别管理资料

代码	名称	年限	净残值率	单位	预设折旧方法	资产科目	折旧科目	减值准备科目	编码规则	是否计提折旧
001	房屋及建筑物	50	5%	幢	平均年限法(基于原值)	1601	1602	1603	FW00	不管使用状况如何,一定提折旧
002	交通工具	10	3%	辆	工作量法	1601	1602	1603	JT00	不管使用状况如何,一定提折旧
003	生产设备	10	3%	台	平均年限法(基于原值)	1601	1602	1603	SC00	不管使用状况如何,一定提折旧
004	办公设备	5	5%	台	动态平均年限法	1601	1602	1603	BG00	不管使用状况如何,一定提折旧

(2)操作路径。

①在金蝶 KIS 专业版主界面→选择"初始化"→选择"固定资产初始数据"→进入"固定资产管理"窗口→单击"新增"按钮→弹出"固定资产卡片及变动-新增"对话框→单击选择"基本信息"选项卡→单击"资产类别 *"栏后的 →弹出"固定资产类别"对话框(见图4-63)→单击"新增"按钮→弹出"固定资产类别-新增"对话框→根据表 4-18 所给资料输入(见图4-64)→单击"新增"按钮保存输入信息→返回"固定资产类别-新增"对话框。

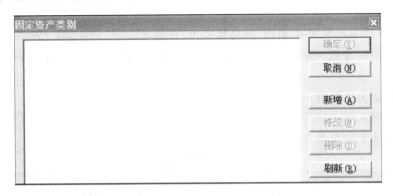

图 4-63 "固定资产类别"对话框

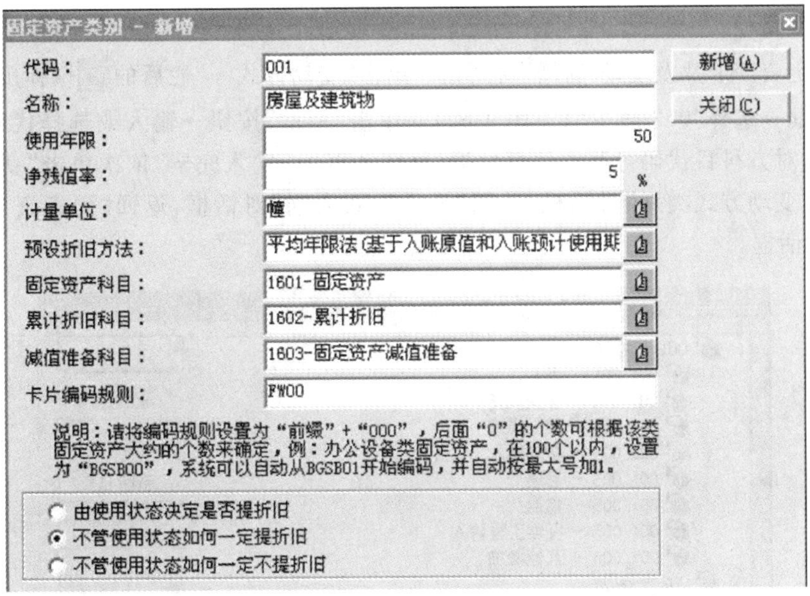

图 4-64 新增固定资产类别

②输入表 4-18 所示的其他三项固定资产卡片类别管理资料→在"固定资产类别-新增"窗口单击"关闭"按钮,返回"固定资产类别"对话框→关闭"固定资产类别"对话框,返回"固定资产卡片及变动-新增"对话框。

2. 存放地点

(1)案例资料。

存放地点资料见表 4-19。

表 4-19 存放地点资料

代码	名称
01	车间
02	办公室
03	车库

(2)操作路径。

在"固定资产卡片及变动-新增"对话框单击"存放地点"栏后的 📖 →弹出"存放地点"对话框→单击"新增"按钮→按表 4-19 所给资料输入→关闭窗口→返回"固定资产卡片及变动-新增"对话框。

3.增加变动方式类别

(1)案例资料。

变动方式类别资料见表 4-20。

表 4-20 变动方式类别资料

代码	方式名称	凭证字	摘要	对方科目
002.004	报废	"记"	报废固定资产	固定资产清理(1606)

(2)操作路径。

在"固定资产卡片及变动-新增"对话框→单击"变动方式 * "栏后的 📖 →弹出"变动方式类别"对话框→选择"002-减少"(见图 4-65)→单击"新增"按钮→输入或选择代码、名称、凭证字、摘要、对方科目代码等基本信息数据(见图 4-66)→输入完毕,依次单击"新增""关闭"按钮,返回"变动方式类别"对话框,关闭"变动方式类别"对话框,返回"固定资产卡片及变动-新增"对话框。

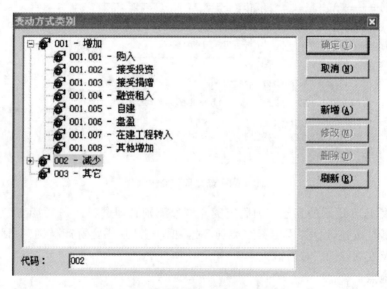

图 4-65 新增固定资产变动方式类别

图 4-66　新增固定资产变动方式

4. 初始数据录入

(1)案例资料。

初始数据见表 4-21。

表 4-21　初始数据

资产编码	FW01	JT01	SC01
名称	办公楼	卡车	车床
类别	房屋及建筑物	交通工具	生产设备
计量单位	幢	辆	台
数量	1	12	4
入账日期	2020年12月31日	2020年12月31日	2020年12月31日
存放地点		车库	车间
经济用途	经营用	经营用	经营用
使用状态	正常使用	正常使用	正常使用
变动方式	自建	购入	购入
使用部门	行政部	销售一部、销售二部(费用各占50%)	生产部
折旧费用科目	管理费用-折旧费	销售费用-其他	制造费用
币别	人民币	人民币	人民币
原币金额/元	1 000 000	4 000 000	600 000
购进累计折旧	无	无	无
开始使用日期	2008年12月1日	2015年6月1日	2017年4月1日
已使用期间	180	工作量法:30万公里,已使用18万公里	80
累计折旧金额/元	560 000	220 000	400 000
折旧方法	动态平均年限法	工作量法(计量单位为公里)	双倍余额递减法

下面以办公楼为例,讲解固定资产初始数据的录入。

(2)操作路径。

①在金蝶 KIS 专业版主界面选择"初始化"→选择"固定资产初始数据"→进入"固定资产管理"窗口→单击"新增"按钮→弹出"固定资产卡片及变动-新增"对话框→选择"基本信息"选项卡→根据表 4-21 所给资料输入(见图 4-67)。

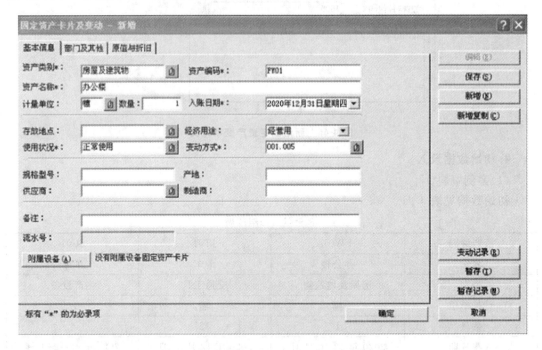

图 4-67 新增固定资产(办公楼)卡片(基本信息)

②在"固定资产卡片及变动-新增"对话框选择"部门及其他"选项卡→根据表 4-21 所给资料输入(见图 4-68)。

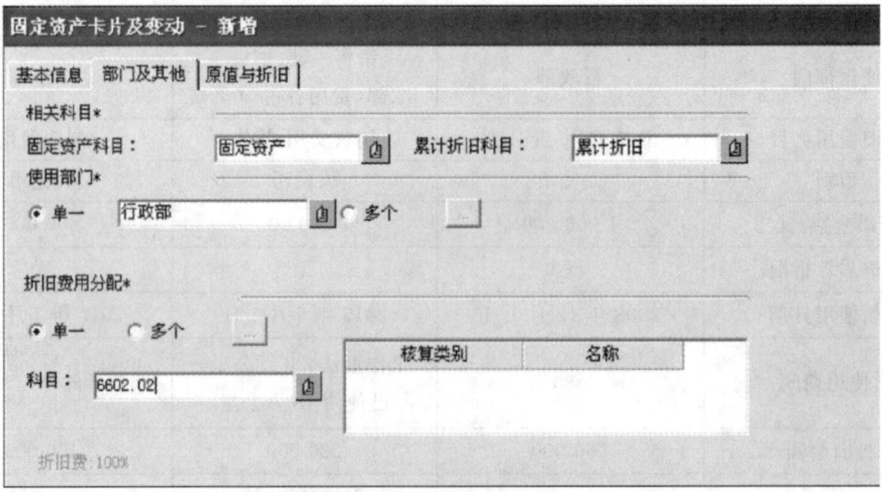

图 4-68 新增固定资产(办公楼)卡片(部门及其他)

注意：

（1）当固定资产使用部门是单一部门时，先勾选"单一"选框，再单击"单一"栏后面的 ⬛，选择预先已录入部门信息。

（2）当固定资产由多部门使用时，先勾选"多个"选框，再单击"多个"栏后面的 ⬛，设置各部门使用比例。

③在"固定资产卡片及变动-新增"对话框选择"原值与折旧"选项卡→根据表 4-21 所给资料输入（见图 4-69）→输入完毕，单击"保存"按钮保存。

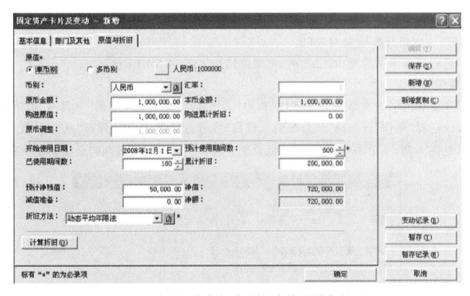

图 4-69　新增固定资产（办公楼）卡片（原值与折旧）

④输入完表 4-21 中的三张固定资产卡片的全部信息后，关闭"固定资产卡片及变动-新增"窗口→返回"固定资产管理"窗口→选择"文件"→选择"将初始数据传送总账"（见图 4-70）→弹出覆盖总账对应科目确认信息的提示框（见图 4-71）→单击"是"按钮→提示"传送固定资产初始数据成功"→单击"确定"按钮→单击"退出"按钮，返回金蝶 KIS 专业版主界面。

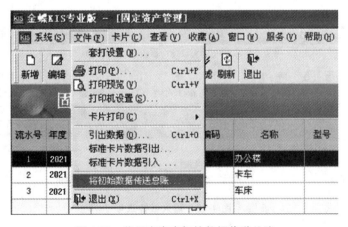

图 4-70　将固定资产初始数据传送总账

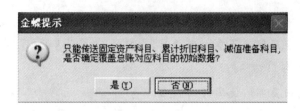

图 4-71 覆盖总账对应科目确认信息

(三)出纳初始数据与启用出纳系统

1. 案例资料

(1)从总账系统中引入科目及其期初余额与发生额。银行账号信息如下:工商银行账号为 123467;中国银行账号为 345666。

(2)进行试算平衡检查,若已平衡,则结束初始化,启用出纳系统。

2. 操作路径

(1)在金蝶 KIS 专业版主界面选择"初始化"→选择"出纳初始数据"→进入"出纳初始数据"窗口→选择"操作"→选择"从总账引入科目"或者直接单击 →弹出"从总账引入科目"对话框(见图 4-72)→单击"确定"按钮,从总账系统中引入科目及其期初余额和发生额。

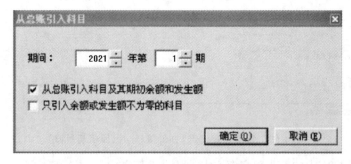

图 4-72 从总账引入科目

(2)在"出纳初始数据"窗口→选择科目类别"银行存款"→输入工商银行和中国银行账号(见图 4-73)→单击"平衡检查"→试算平衡后,单击"关闭"按钮,返回金蝶 KIS 专业版主界面。

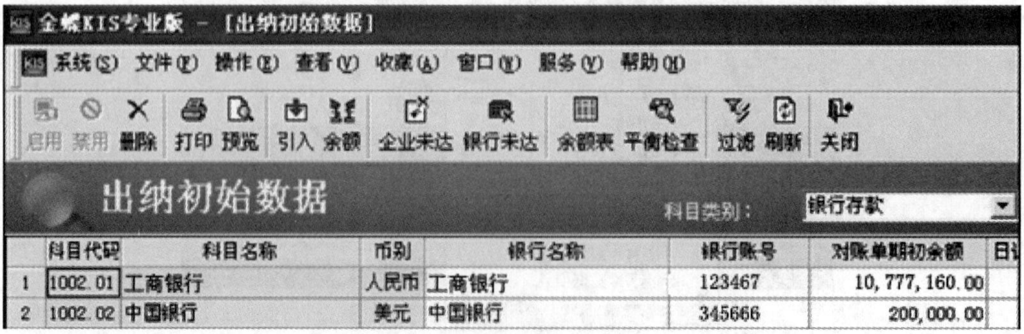

图 4-73 输入银行账号

(3)在金蝶 KIS 专业版主界面选择"初始化"→选择"启用出纳系统"→弹出"启用出纳系统"对话框(见图 4-74)→单击"开始"→弹出结束初始化后,将不能再输入科目的初始数据的提示→单击"确定"按钮→弹出启用出纳系统成功的提示→单击"确定"按钮,返回金蝶 KIS 专业版主界面。

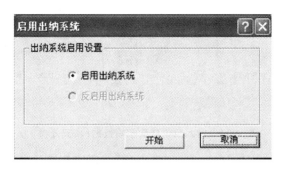

图 4-74　启用出纳系统

(四)应收应付初始数据与启用业务系统

1. 案例资料

(1)录入应收应付初始数据。数据资料见表 4-16 和表 4-17。
(2)启用业务系统。

2. 操作路径

(1)在金蝶 KIS 专业版主界面选择"初始化"→选择"应收应付初始数据"→进入"应收应付初始数据"窗口→依次单击"客户""新增"按钮→选择"客户代码"栏→按"F7"调出"核算项目-客户资料"→双击"01-枫叶公司"→单击"明细"栏→弹出"应收应付初始余额录入-客户(01-枫叶公司)"对话框→根据表 4-16 所给资料输入信息(见图 4-75)→依次单击"保存""关闭"按钮,返回"应收应付初始数据"窗口。

图 4-75　输入应收账款初始数据(枫叶公司)

(2)在"应收应付初始数据"窗口,根据表 4-16 所给资料,在枫叶公司期初余额的下一栏继续输入或选择临安公司应收账款原币、业务发生时间和收款期限等数据信息,如图 4-76 所示。系统会自动求得应收账款合计。

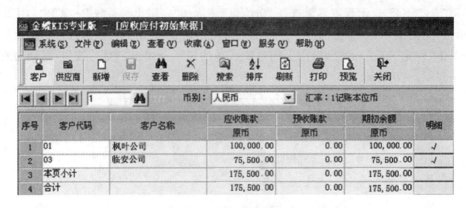

图 4-76　输入应收账款初始数据(临安公司)

(3)在"应收应付初始数据"窗口单击"供应商"按钮→根据表 4-17 的资料,录入应付账款期初余额。

(4)在"应收应付初始数据"窗口选择"文件"→选择"传递到科目初始化"→弹出"应收应付初始数据传递到总账科目初始数据"对话框→输入或选择客户应收账款、客户预收账款、供应商应付账款、供应商预付账款总账会计科目(见图 4-77)→单击"确定"按钮→弹出覆盖科目初始数据的提示(见图 4-78)→单击"是"按钮→提示传递成功→单击"确定"按钮→关闭"应收应付初始数据"窗口,返回金蝶 KIS 专业版主界面。

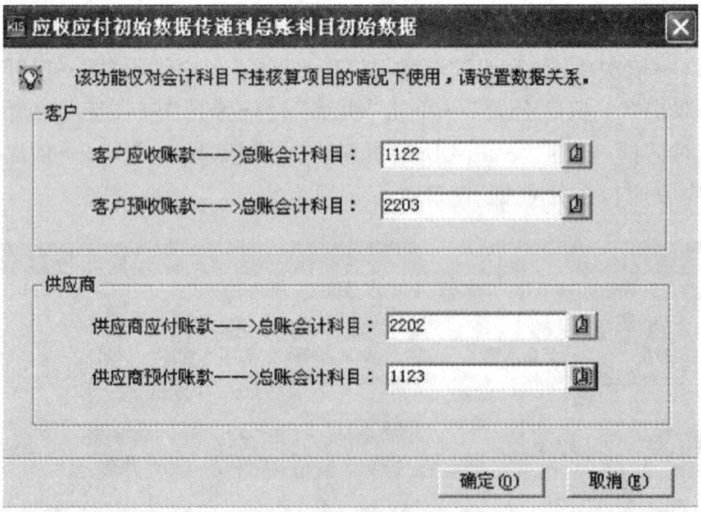

图 4-77　设置数据关系

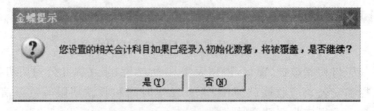

图 4-78　覆盖科目初始数据的提示

(5)在金蝶 KIS 专业版主界面选择"初始化"→选择"启用业务系统"→弹出"启用业务系统"窗口→单击"开始"按钮→弹出确认启用业务系统的提示→单击"是"按钮→弹出启用业务系统成功,系统需要重新登录的提示→单击"确定"按钮→重新登录系统。

(五)启用财务系统

1.案例资料

(1)切换币别为综合本位币,进行试算平衡检查。
(2)启用财务系统,结束初始化。

2.操作路径

(1)在金蝶 KIS 专业版主界面选择"初始化"→选择"科目初始数据"→进入"科目初始数据"窗口→将币别切换为综合本位币→单击"平衡"按钮→弹出"试算借贷平衡"对话框(见图4-79)。若试算结果平衡,单击"关闭"按钮,返回"科目初始数据"窗口;若试算不平衡,查找错误,直到试算平衡→关闭"科目初始数据"窗口,返回金蝶 KIS 专业版主界面。

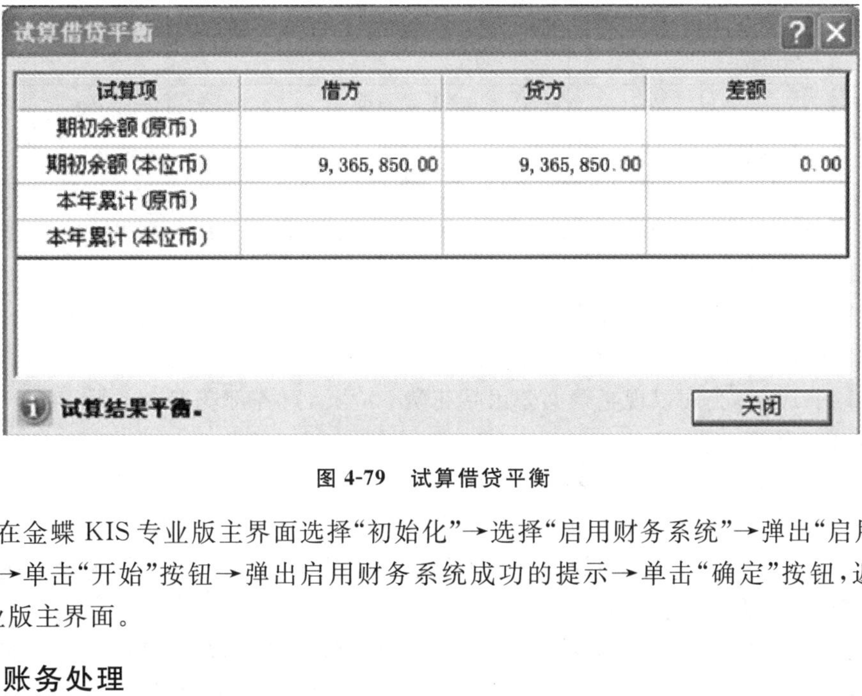 试算项	借方	贷方	差额
期初余额(原币)			
期初余额(本位币)	9,365,850.00	9,365,850.00	0.00
本年累计(原币)			
本年累计(本位币)			

试算结果平衡。

图 4-79 试算借贷平衡

(2)在金蝶 KIS 专业版主界面选择"初始化"→选择"启用财务系统"→弹出"启用财务系统"窗口→单击"开始"按钮→弹出启用财务系统成功的提示→单击"确定"按钮,返回金蝶 KIS 专业版主界面。

三、账务处理

(一)案例资料

腾飞公司(一般纳税人,增值税税率为 17%)2021 年 1 月发生下列经济业务。

(1)1 月 4 日,公司开出 4051232 号现金支票,从工商银行提取现金 6 000 元(附原始凭证 1 张)。

(2)1 月 7 日,公司以工商银行存款偿还前欠环宇公司的货款 140 000 元(附原始凭证 1 张,结算方式为电汇,结算号为 140102)。

(3)1 月 9 日,财务部蒋毅出差归来,报销差旅费 5 500 元,退还现金余款 600 元(附原始凭证 6 张)。

(4)1月10日,公司购入8台电脑,开出4051220号工商银行转账支票支付货款(附原始凭证3张,具体资料见"固定资产管理")。

(5)1月11日,销售一部张亮向鸿蒙公司销售A产品1 200件,单价为180元,货款对方暂欠(附原始凭证1张)。

(6)1月12日,公司向安阳公司购入甲材料1 200公斤,单价为24元;乙材料600公斤,单价为80元。材料已入库,价税款以工商银行存款支付(附原始凭证3张,结算方式为信汇,结算号为140202)。

(7)1月13日,销售一部张亮预借差旅费3 000元,现金付讫(附原始凭证1张)。

(8)1月14日,各部门向仓库领用材料,见表4-22。

表4-22 发料汇总表

材料	甲材料			乙材料			合计
用途	数量/件	单价/元	金额/元	数量/件	单价/元	金额/元	金额/元
A产品	1 100	24	26 400	400	80	32 000	58 400
车间	100	24	2 400				2 400
管理部门				100	80	8 000	8 000
合计	1 200	24	28 800	500	80	40 000	68 800

(9)1月15日,公司开出4051221号工商银行转账支票支付广告费6 000元(附原始凭证2张)。

(10)1月16日,公司收到外商以电汇方式(结算号为140104)投资的30 000美元,款项已存入中国银行。当日即期汇率为1美元=7.18元(附原始凭证2张)。

(11)1月16日,公司以现金购办公用品花费500元,财务部花费300元,生产车间花费200元(附原始凭证2张)。

(12)1月17日,销售二部钱多多向福明公司销售A产品800件,单价为180元,货款已收,存入工商银行(附原始凭证2张,结算方式为电汇,结算号为140103)。

(13)1月18日,公司用工商银行存款预付雨润公司购料款10 000元(附原始凭证1张,结算方式为信汇,结算号为140203)。

(14)1月30日,公司收到临安公司偿还前欠货款60 000元,款项已存入工商银行(附原始凭证1张,结算方式为信汇,结算号为140203,具体资料见"应付款管理")。

(15)1月30日,行政部林青报销本月电话费200元,以现金支付(附原始凭证1张)。

(16)1月31日,公司报废车床一台(具体资料见"固定资产管理",附原始凭证1张)。

(17)1月31日,公司计提本月固定资产折旧费(具体资料见"固定资产管理",附原始凭证1张)。

(18)1月31日,公司计算分配本月工资费用(具体资料见"薪资管理",附原始凭证1张)。

(19)1月31日,公司根据以上资料,结转本月制造费用(附原始凭证1张)。

(20)1月31日,2 000件A产品全部完工,公司结转完工A产品成本(附原始凭证1张)。

(21)1月31日,公司结转本月已售A产品成本(附原始凭证1张)。

(二)账务处理系统日常处理

1.录入凭证

以操作员陈星的身份登录系统,来完成凭证录入工作。

(1)录入有结算方式的凭证(以第1个业务为例)。

操作路径如下。

①在金蝶KIS专业版主界面选择"账务处理"→选择"凭证录入"→弹出"记账凭证-新增"窗口→单击"新增"按钮→选择日期"2021年1月4日"、凭证字"记"、凭证号"1"、附件数"1",在摘要栏输入"提现备用"→双击科目栏或者单击工具栏的"代码"按钮→选择科目"1001-库存现金"→单击"确定"按钮→输入借方金额"6000"→选择"查看"→选择"选项"→弹出"凭证录入选项"对话框→勾选"自动携带上条分录信息"中的"摘要"(见图4-80)→单击"确定"按钮,保存设置。

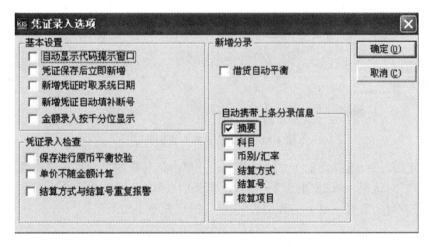

图4-80 凭证录入选项设置

②按回车键,在第二行科目栏选择科目"1002.01-银行存款-工商银行"→单击"确定"按钮→单击工具栏的"代码"按钮或按"F7"键→弹出"结算方式"对话框→双击"现金支票"→输入结算号"4051232"→输入贷方金额"6000"或按等号键使借贷方自动取平→单击工具栏的"保存"按钮(见图4-81)。

提示:

银行科目必须输入结算信息,因此需选择凭证下方的结算方式。

(2)录入有核算项目的凭证(以第2个业务为例)。

操作路径:在金蝶KIS专业版主界面选择"账务处理"→选择"凭证录入"→弹出"记账凭证-新增"窗口→单击"新增"按钮→选择日期"2021年1月7日"、凭证字"记"、凭证号"3"、附件数"1",在摘要栏输入"偿还前欠环宇公司货款"→双击科目栏或者单击工具栏的"代码"按钮→选择科目"2202-应付账款"→单击"确定"按钮→输入借方金额"140000"→选择在凭证下方的供应商→单击工具栏的"代码"按钮或按"F7"键→弹出"核算项目-供应商"对话框→双击"01-环宇公司"→按回车键→在第二行科目栏选择科目"1002.01-银行存款-工商银行"

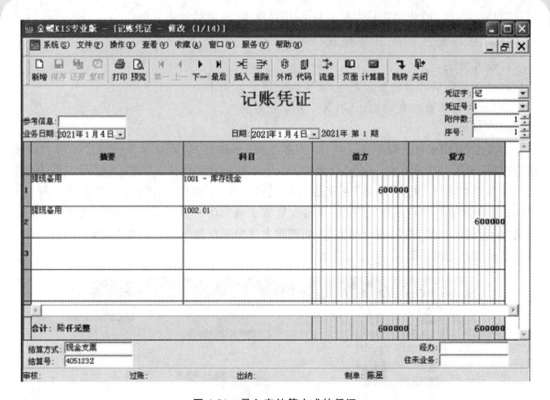

图 4-81 录入有结算方式的凭证

→单击"确定"按钮→选择凭证下方的结算方式→单击工具栏的"代码"按钮或按"F7"键→弹出"结算方式"对话框→双击"电汇"→输入结算号"140102",输入贷方金额"140000"或按等号键使借贷方自动取平→单击工具栏的"保存"按钮(见图 4-82)。

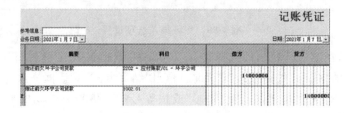

图 4-82 录入有核算项目的凭证

提示:
"应付账款"科目设置为供应商辅助核算,因此需选择在凭证下方的供应商。

(3)录入有数量金额式科目的凭证(以第 6 个业务为例)。

操作路径:在金蝶 KIS 专业版主界面选择"账务处理"→选择"凭证录入"→弹出"记账凭证-新增"窗口→单击"新增"按钮→选择日期"2021 年 1 月 12 日"、凭证字"记"、凭证号"5"、附件数"3",在摘要栏输入"购材料,材料已入库,货款已付"→双击科目栏或单击工具栏的"代码"按钮→选择科目"1403.01-原材料-甲材料"→单击"确定"按钮→输入甲材料单价"24"、数量"1200",借方金额栏会自动出现结果(28 800 元)→按回车键→按同样的方法在第二行科目栏选择科目"1403.02-原材料-乙材料"→输入乙材料单价"80"、数量"600",借方金额栏会自动出现结果(48 000元)→按回车键→在第三行科目栏选择科目"2221.01.01-应交税费-应交增值税-进项税额"→单击"计算器"按钮→弹出"金蝶计算器"对话框→在计算器界面输入"76800*0.17",按等号键出现计算结果(13 056)→关闭计算器,计算结果自动出现在第三行借方栏→按回车键→在第四行科目栏选择科目"1002.01-银行存款-工商银行"→单击"确定"按钮→选择凭证下方的结算方式→单击工具栏的"代码"按钮或者按"F7"键→弹出"结算方式"对话框→双击"信汇"→输入结算号"140202"→输入贷方金额"89856"或按等号键使借贷方自动取平→输入完毕,单击工具栏的"保存"按钮(见图4-83)。

图 4-83　录入有数量金额式科目的凭证

提示:

"原材料-甲材料"科目设置为数量金额辅助核算,因此记账凭证中会出现单位、单价和数量。

(4)录入有外币核算科目的凭证(以第10个业务为例)。

操作路径:在金蝶 KIS 专业版主界面→选择"账务处理"→选择"凭证录入"→弹出"记账凭证-新增"窗口→单击"新增"按钮→选择日期"2021年1月16日"、凭证字"记"、凭证号"4"、附件数"2",在摘要栏输入"收到外商投资"→双击科目栏或单击工具栏的"代码"按钮→选择科目"1002.02-银行存款-中国银行"→单击"确定"按钮,记账凭证中会出现币别、汇率和原币金额→输入美元汇率"7.18"、原币金额"30000",借方金额栏会自动出现结果(215 400元)→选择凭证下方的结算方式→单击工具栏的"代码"按钮或按"F7"键→弹出"结算方式"对话框→双击"电汇"→输入结算号"140104"→按回车键→在第二行科目栏选择科目"4001-实收资本"→单击"确定"按钮→输入贷方金额"215400"或按等号键使借贷方自动取平→输入完毕,单击工具栏的"保存"按钮(见图4-84)。

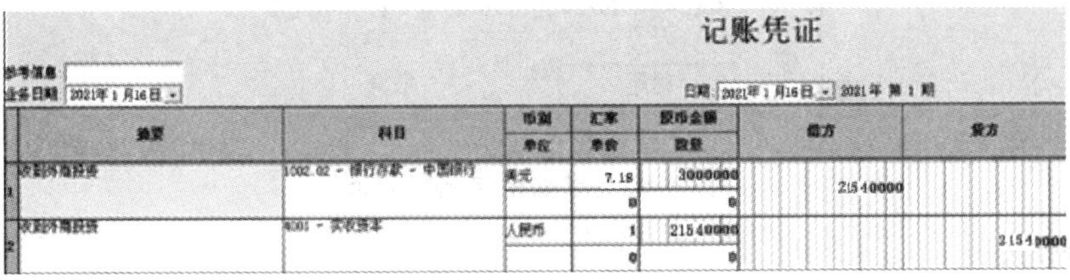

图 4-84　录入有外币核算科目的凭证

提示：

"银行存款-中国银行"科目设置为外币核算，因此记账凭证中会出现币别、汇率和原币金额。

2. 审核凭证

以操作员蒋毅的身份重新登录系统，完成凭证审核及记账工作。

审核凭证操作路径：在金蝶KIS专业版主界面选择"账务处理"→选择"凭证管理"→弹出"过滤界面"对话框→单击"确定"按钮→弹出"会计分录序时簿"对话框→选择需要审核的凭证→单击"审核"按钮→打开"记账凭证-审核"窗口→单击"审核"按钮，完成对该张记账凭证的审核操作（见图4-85）。

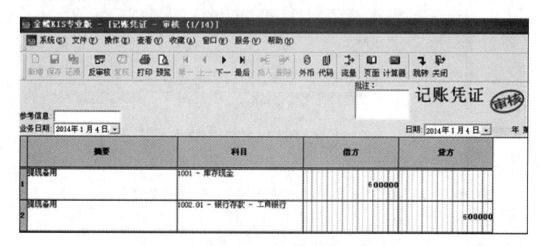

图4-85　审核记账凭证

成批审核凭证操作路径：在"会计分录序时簿"对话框选择"操作"→选择"成批审核"→弹出"成批审核凭证"对话框（见图4-86）→单击"审核未审核的凭证"选项→单击"确定"按钮，系统开始对所有未审核的凭证进行审核，完成之后提示审核完毕。

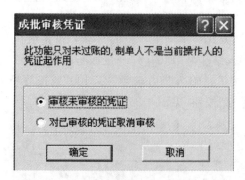

图4-86　成批审核记账凭证

3. 复核凭证

审核凭证之后，以操作员杨柳的身份重新登录系统，完成涉及库存现金和银行存款科目的记账凭证的复核工作。

操作路径：在金蝶 KIS 专业版主界面选择"账务处理"→选择"凭证管理"→弹出"过滤界面"对话框→单击"确定"按钮→弹出"会计分录序时簿"对话框→选择需要复核的凭证→单击"复核"按钮→打开"记账凭证-复核"窗口→单击"复核"按钮，完成对该张记账凭证的复核操作（见图 4-87）。

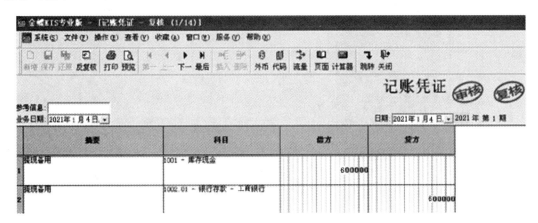

图 4-87　复核记账凭证

4. 凭证过账

审核、复核凭证之后，以操作员蒋毅的身份重新登录系统，完成所有已审核、复核凭证的过账工作。

操作路径如下。

（1）在金蝶 KIS 专业版主界面选择"账务处理"→选择"凭证过账"→弹出"凭证过账"对话框→选择凭证过账参数（见图 4-88）→单击"开始过账"按钮→软件会显示正在过账（见图 4-89）→过账完毕，软件会显示共过账凭证数量，正确的数量、错误的数量→单击"关闭"按钮，返回金蝶 KIS 专业版主界面。

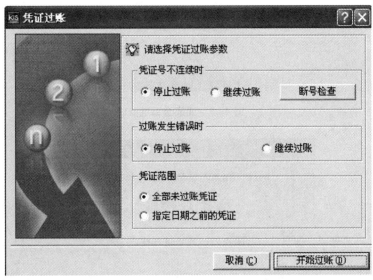

图 4-88　凭证过账参数设置

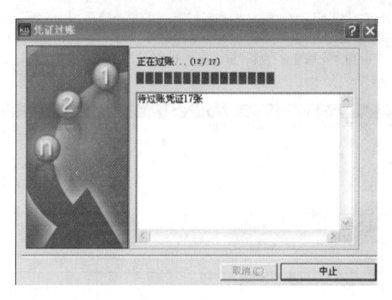

图 4-89 正在过账

(2)在金蝶 KIS 专业版主界面选择"账务处理"→选择"凭证管理"→弹出"过滤界面"对话框→单击"确定"按钮→弹出"会计分录序时簿"对话框→选择"操作"→选择"全部过账"(见图 4-90)→出现"金蝶提示"(见图 4-91)→单击"是"按钮,完成本期所有未过账凭证的过账工作。

图 4-90 凭证全部过账

图 4-91 凭证过账提示

5.实训任务

任务一:输入记账凭证。

(1)编制付字5♯记账凭证。

资料:2021年3月20日,章玉出差预借差旅费1 500元,现金付讫。

(2)编制收字3♯记账凭证。

资料:2021年3月22日,公司收到外商以电汇方式(结算号为130106)投资的25 000美元,款项已存入中国银行。当日即期汇率为1美元=7.17元。

要求:编制收字3♯记账凭证,并将此凭证保存为模式凭证,名称是"投资款",类型是"外商投资"。

(3)编制付字6♯记账凭证。

资料:2021年3月21日,公司向皓月公司购入乙材料1 200公斤,单价为30元。材料已入库。增值税税率为17%,价税款以工商银行存款支付(附原始凭证2张,结算方式为信汇,结算号为130205)。

任务二:修改记账凭证

(1)删除2021年3月付字4♯凭证。

(2)2021年3月收字2♯凭证中的所收货款应记入悦铃公司,误记入红星公司。

任务三:审核凭证。

(1)审核2021年4月付字6♯凭证。

(2)审核2021年4月所有未过账凭证。

任务四:过账。

将2021年3月收字8♯凭证过账。

任务五:查询账簿。

(1)查询2021年3月总分类账。查询结果要求:结果包含未过账凭证;显示所有币别,多栏式。

(2)查询2021年3月的科目余额表。查询结果要求:显示3级明细科目和核算项目的余额;结果包含未过账凭证。

(3)查询2021年3月的试算平衡表。查询结果要求:查询综合本位币报表。

(4)设计并查询2021年3月"应交税费-应交增值税"多栏式明细账;结果不包含未过账凭证。

(5)设计并查询2021年3月"管理费用"多栏式明细账。

(三)账务处理系统期末处理

1. 自定义转账凭证

(1)案例资料。

①操作员陈星通过自动转账功能定义并生成计提短期借款利息凭证(短期借款利息=短期借款年初余额×0.09/12)。

②操作员蒋毅审核自动转账凭证并记账。

(2)操作路径。

①定义自动转账凭证。

a.在金蝶KIS专业版主界面选择"账务处理"→选择"自动转账"→弹出"自动转账凭证"

对话框→单击"新增"按钮→弹出"自动转账凭证-新增"对话框→输入或选择自动转账凭证名称、转账期间和凭证字(见图4-92)→单击"关闭"按钮,返回金蝶 KIS 专业版主界面。

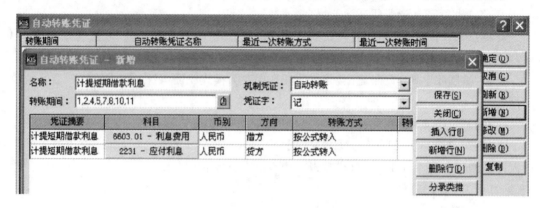

图 4-92　设置自动转账凭证

b. 在"自动转账凭证-新增"对话框输入或选择凭证摘要、借贷方科目、转账方式(此例中转账方式选择"按公式转入")→在公式定义栏选择"下设"(见图4-93)→弹出"公式定义"对话框→单击 →弹出"报表函数"对话框→选择"ACCT"函数(见图4-94)→单击"确定"按钮→弹出"函数表达式"对话框→输入科目为"2001"→输入取数类型为"C"→其余项目取默认值(见图4-95)→单击"确认"按钮,返回"公式定义"对话框→在原币公式栏补充输入"*0.09/12"(见图4-96)→单击"确定"按钮,返回"自动转账凭证-新增"对话框→依次单击"保存""关闭"按钮,返回"自动转账凭证"对话框。

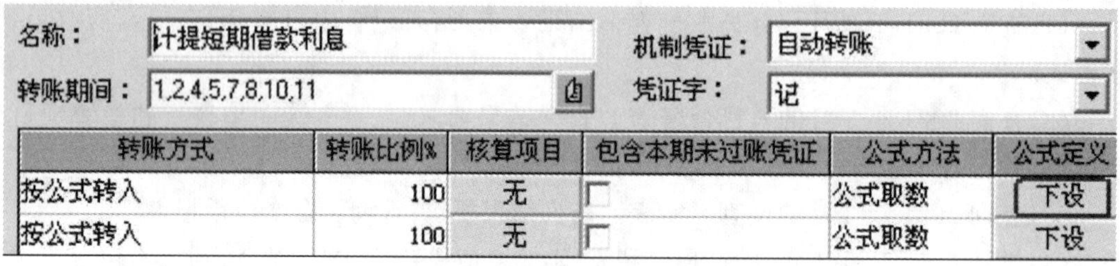

图 4-93　设置公式定义栏

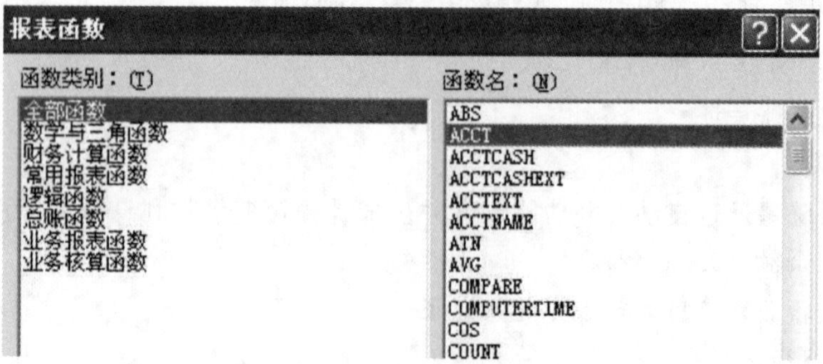

图 4-94　选择报表函数

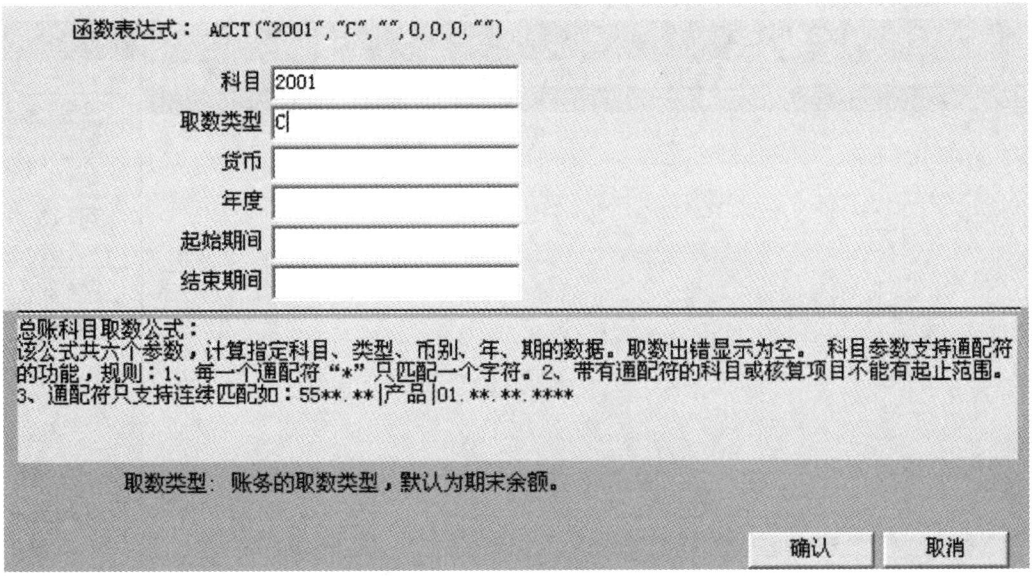

图 4-95 定义函数表达式

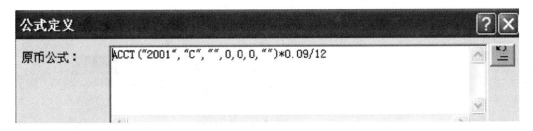

图 4-96 定义原币公式

②生成自动转账凭证。在"自动转账凭证"对话框勾选自定义转账凭证→单击"生成凭证"按钮(见图 4-97)→弹出"自动转账凭证生成信息"对话框→依次单击"保存""关闭"按钮,返回"自动转账凭证"对话框→关闭对话框,返回金蝶 KIS 专业版主界面。

③审核自动转账凭证并过账。

a. 在金蝶 KIS 专业版主界面单击左上角的"系统"→选择"重新登录"(见图 4-98)→弹出"系统登录"对话框→将操作员更换为蒋毅→重新登录金蝶 KIS 专业版主界面。

b. 在金蝶 KIS 专业版主界面选择"账务处理"→选择"凭证管理"→弹出"过滤界面"对话框→选择未审核凭证→单击"确定"按钮→弹出"会计分录序时簿"对话框→单击"审核"按钮→打开"记账凭证-审核"窗口→完成凭证的审核工作→单击"关闭"按钮→返回"会计分录序时簿"对话框→单击"操作"→选择"过账"(也可单击"凭证过账")→完成该凭证的过账工作(见图 4-99)。

2. 期末调汇

(1)案例资料。

①期末美元对人民币汇率为 7.14,操作员陈星利用期末调汇功能生成凭证。

②操作员蒋毅审核凭证并记账。

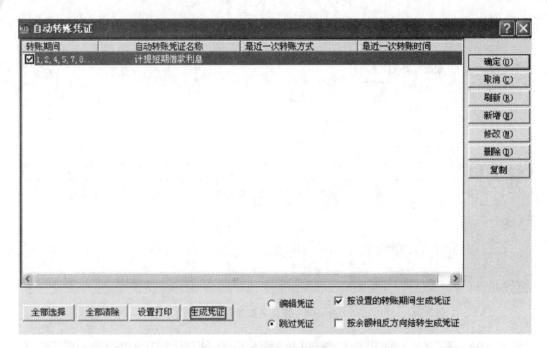

图 4-97 生成自定义转账凭证

图 4-98 重新登录系统

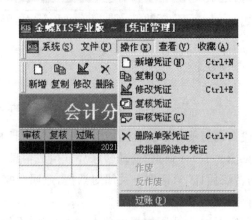

图 4-99 凭证过账

(2)操作路径。

①定义调整汇率并生成凭证。在金蝶 KIS 专业版主界面选择"账务处理"→选择"期末调汇"→弹出"期末调汇"对话框→输入调整汇率"7.14"(见图 4-100)→单击"下一步"按钮→弹出"期末调汇"对话框→设置汇兑损益科目为"6603.02"→勾选"生成转账凭证""汇兑损益"复选框(见图 4-101)→单击"完成"按钮→提示已经生成转账凭证→单击"确定"按钮,返回金蝶 KIS 专业版主界面。

②审核期末调汇凭证并过账。

a.在金蝶 KIS 专业版主界面选择左上角的"系统"→选择"重新登录"→弹出"系统登录"对话框→将操作员更换为蒋毅→重新登录金蝶 KIS 专业版主界面。

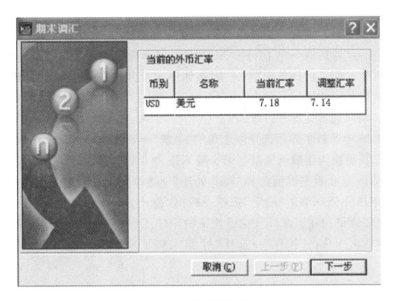

图 4-100　设置调整汇率

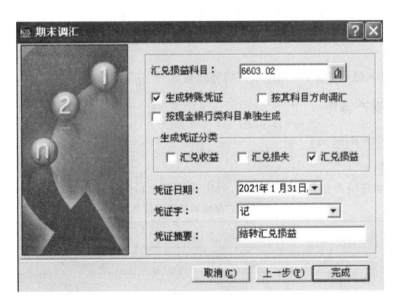

图 4-101　结转汇兑损益

b. 在金蝶 KIS 专业版主界面选择"账务处理"→选择"凭证管理"→弹出"过滤界面"对话框→选择未审核凭证→单击"确定"按钮→弹出"会计分录序时簿"对话框→打击"审核"按钮→打开"记账凭证-审核"窗口→完成凭证的审核工作→单击"关闭"按钮→返回"会计分录序时簿"对话框→单击"操作"→选择"过账"(也可单击"凭证过账")→完成该凭证的过账工作。

3. 结转损益

(1)案例资料。

①操作员陈星定义期间损益结转凭证并生成凭证。

②操作员蒋毅审核凭证并记账。

(2)操作路径。

①定义期间损益结转凭证。在金蝶KIS专业版主界面选择"账务处理"→选择"结转损益"，弹出"结转损益"对话框→单击"下一步"按钮→显示除以前年度损益调整科目外其他损益类科目对应本年利润科目→单击"下一步"按钮→在弹出的窗口中单击"完成"按钮→出现已经生成1张转账凭证的提示→单击"确定"按钮，返回金蝶KIS专业版主界面。

②审核结转期间损益凭证并过账。

a.在金蝶KIS专业版主界面选择左上角的"系统"→选择"重新登录"→弹出"系统登录"对话框→将操作员更换为蒋毅→重新登录金蝶KIS专业版主界面。

b.在金蝶KIS专业版主界面选择"账务处理"→选择"凭证管理"→弹出"过滤界面"对话框→选择未审核凭证→单击"确定"按钮→弹出"会计分录序时簿"对话框→单击"审核"按钮→打开"记账凭证-审核"窗口→完成凭证的审核工作→单击"关闭"按钮→返回"会计分录序时簿"对话框→单击"操作"→选择"过账"（也可单击"凭证过账"）→完成该凭证的过账工作。

4. 实训任务

(1)期末结转本期损益：损益在一起结转；按普通方式结转。

(2)短期借款利息＝短期借款年初余额×0.08/12。

(3)进行期末调汇（美元期末汇率为7.20）。要求：生成转账凭证；生成凭证分类（汇兑损益）。

注意：若有未过账凭证，请先过账再结转损益。

四、固定资产管理

（一）固定资产增加

1. 案例资料

输入新增固定资产信息（见表4-23），利用凭证管理功能制作增加固定资产的记账凭证。

表4-23 新增固定资产信息

资产编码	BG01
名称	电脑
类别	办公设备
计量单位	台
数量	8
入账日期	2021年1月11日
存放地点	办公室
经济用途	经营用
使用状态	正常使用
变动方式	购入

续表

使用部门	财务部
折旧费用科目	管理费用-折旧费
币别	人民币
原币金额/元	30 000
购进累计折旧	无
开始使用日期	2021年1月11日
已使用期间	0
累计折旧金额/元	0
折旧方法	平均年限法(基于原值)

2. 操作路径

(1)在金蝶 KIS 专业版主界面选择"固定资产"→选择"固定资产增加"→打开"固定资产管理"窗口→单击"新增"按钮→弹出"固定资产卡片及变动-新增"对话框→选择"基本信息"选项卡→根据表 4-23 所给资料输入或选择基本数据信息(见图 4-102)。

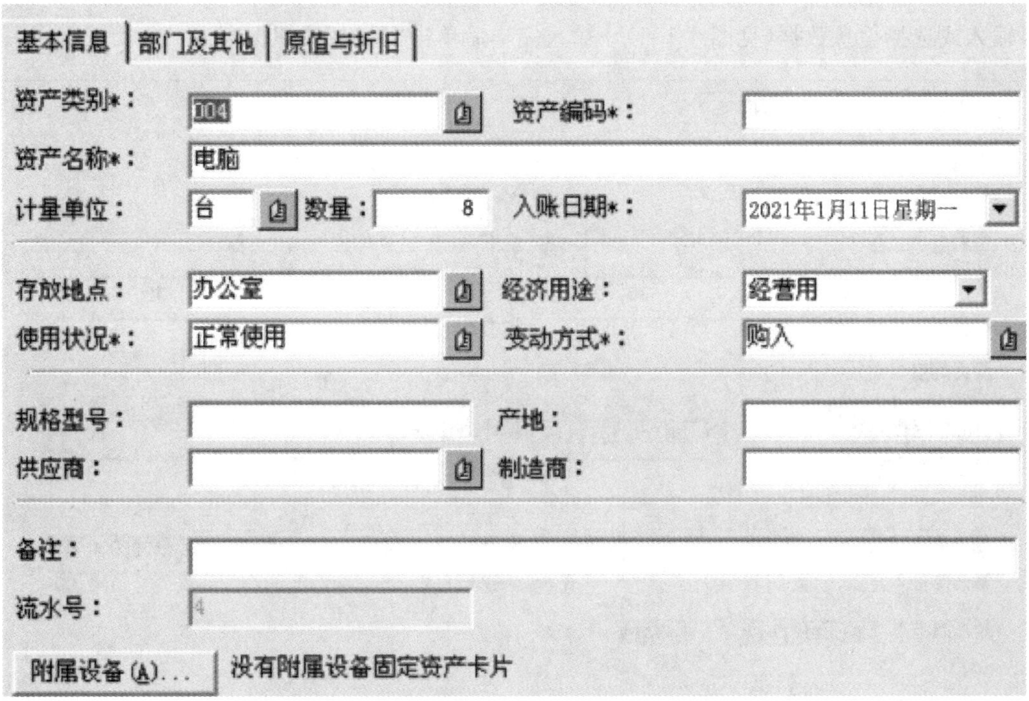

图 4-102 新增固定资产(电脑)卡片(基本信息)

(2)在"固定资产卡片及变动-新增"对话框选择"部门及其他"选项卡→根据表 4-23 的资料输入或选择信息数据(见图 4-103)。

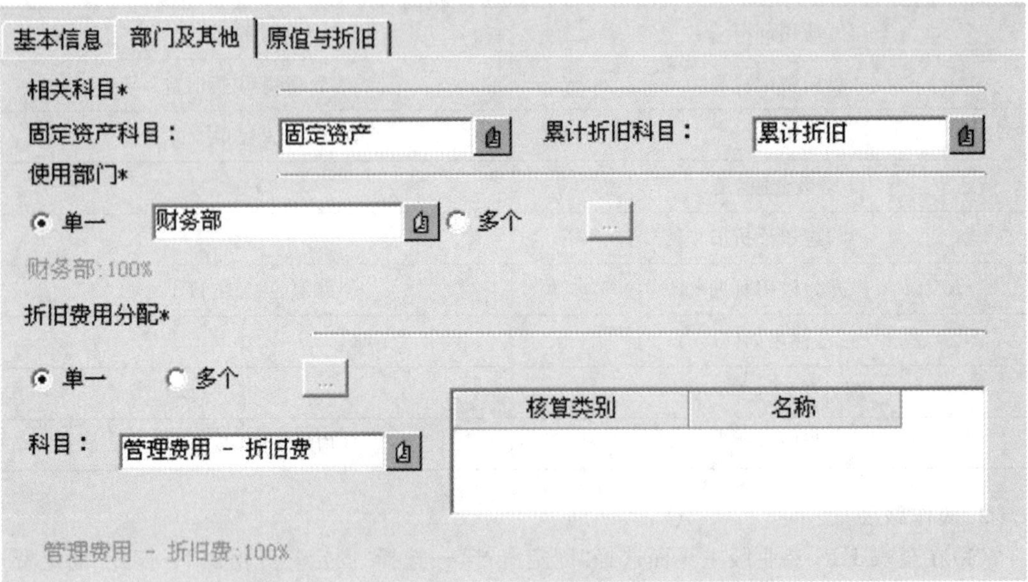

图 4-103 新增固定资产(电脑)卡片(部门及其他)

(3)在"固定资产卡片及变动-新增"对话框选择"原值与折旧"选项卡→根据表 4-23 的资料输入或选择信息数据(见图 4-104)→输入完毕后单击"保存"按钮保存。

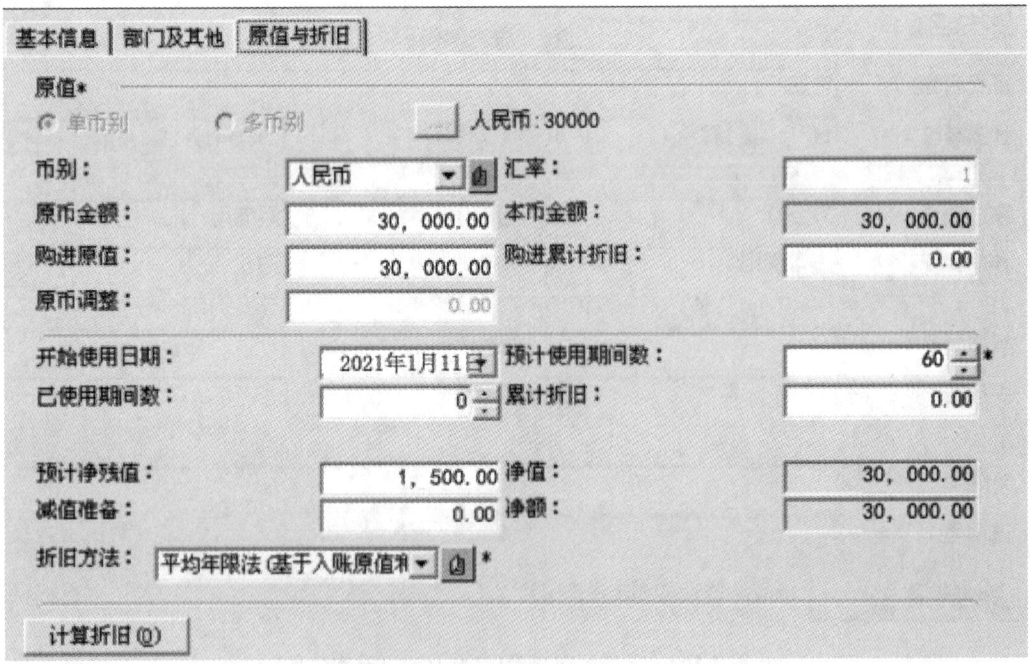

图 4-104 新增固定资产(电脑)卡片(原值与折旧)

(4)在金蝶 KIS 专业版主界面选择"固定资产"→选择"凭证管理"→打开"凭证管理"窗口→弹出"过滤界面"对话框→单击"确定"按钮→弹出"会计分录序时簿"对话框→选择刚输

入的新增固定资产卡片→单击"按单"按钮→弹出"凭证管理——按单生成凭证"对话框→单击"开始"按钮(见图 4-105)→弹出凭证保存出错,是否手工调整的提示→单击"是"按钮→调出凭证录入窗口→将凭证补充完整并保存(见图 4-106)。

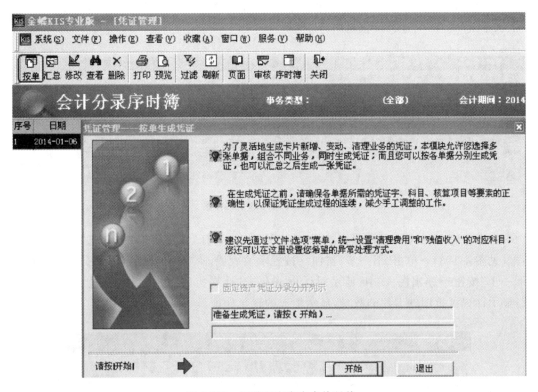

图 4-105　新增固定资产卡片制单

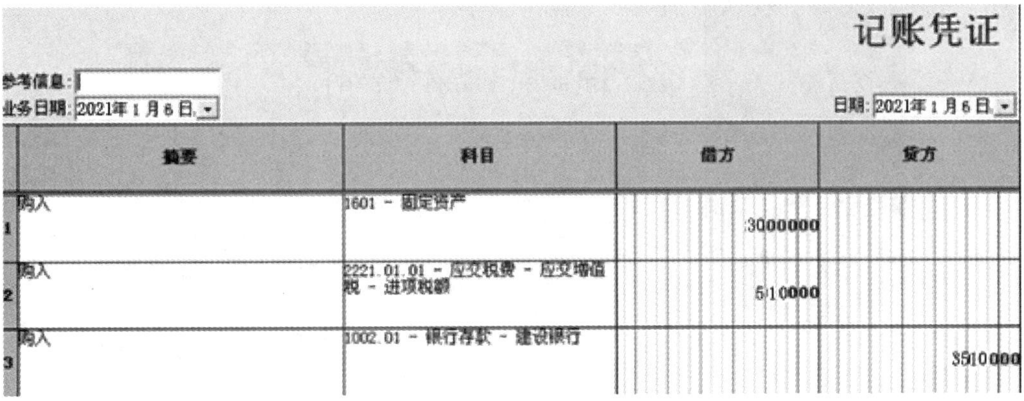

图 4-106　生成新增固定资产凭证

(二)计提折旧

1. 案例资料

(1)工作量管理,输入本月工作量。

(2)计提固定资产折旧。

2. 操作路径

(1)在金蝶 KIS 专业版主界面选择"固定资产"→选择"工作量管理"→弹出"过滤界面"对话框→单击"确定"按钮→打开"工作量管理"窗口→输入本期工作量"2400"(见图 4-107)→依次单击"保存""关闭"按钮返回。

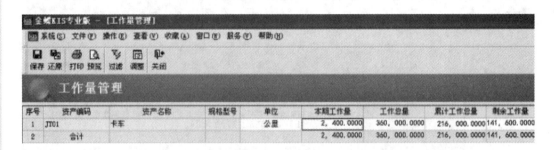

图 4-107　输入本期工作量

(2)在金蝶 KIS 专业版主界面选择"固定资产"→选择"计提折旧"→弹出"计提折旧"对话框(见图 4-108)→单击"下一步"按钮→按提示输入凭证摘要和凭证字(见图 4-109)→单击"下一步"按钮→弹出图 4-110 所示对话框→单击"计提折旧"按钮→软件显示计提折旧完成,显示计提了折旧的卡片的数量,显示生成的转账凭证。

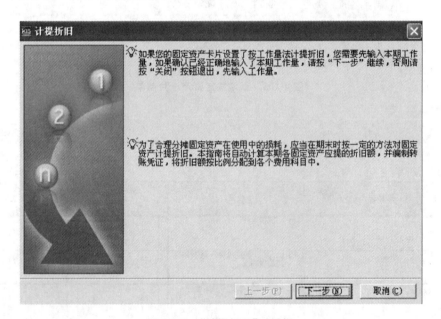

图 4-108　"计提折旧"对话框

(三)固定资产减少

1. 案例资料

SC01 固定资产卡片中的一台车床报废(见表 4-24),利用凭证管理功能制作固定资产减少的记账凭证。

图 4-109　输入凭证摘要和凭证字

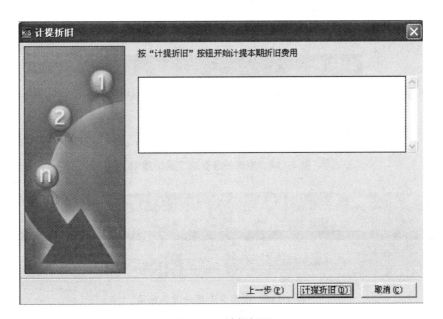

图 4-110　计提折旧

表 4-24　报废车床信息

清理日期	清理数量	清理费用/元	残值收入/元	变动方式
2021 年 1 月 31 日	1	600	5 000	报废

注：清理费用以现金支付，残值收入存入工商银行（结算方式为其他，结算号为 1234）。

2. 操作路径

（1）在金蝶 KIS 专业版主界面选择"固定资产"→选择"固定资产变动"→打开"固定资产管理"窗口→单击选择要清理的固定资产卡片 SC01 车床→单击"清理"按钮→弹出"固定资

产清理-新增"对话框(见图 4-111)→按表 4-24 的信息选择或输入→单击"保存"按钮→弹出生成一条变动记录的提示(见图 4-112)→依次单击"确定""关闭"按钮,返回"固定资产管理"窗口→出现一条固定资产部分清理记录(见图 4-113)。

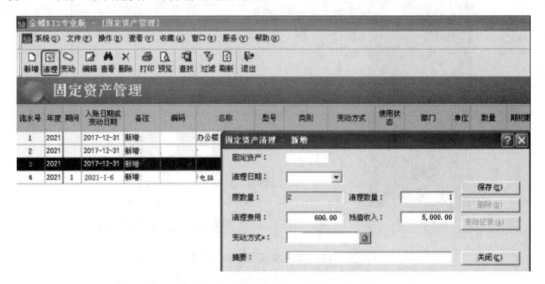

图 4-111 "固定资产清理-新增"对话框

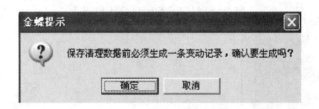

图 4-112 生成一条变动记录的提示

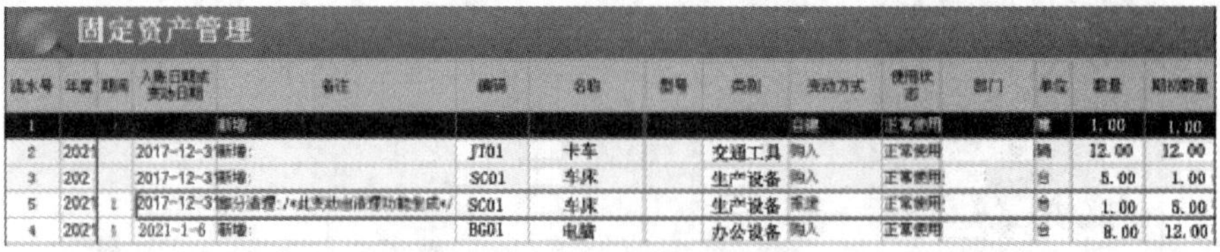

图 4-113 固定资产部分清理记录

(2)在金蝶 KIS 专业版主界面选择"固定资产"→选择"凭证管理"→打开"凭证管理"窗口→弹出"过滤界面"对话框→单击"确定"按钮→弹出"会计分录序时簿"对话框→选择刚输入的固定资产清理卡片→选择"文件"→选择"选项"→弹出"凭证管理——选项方案设置"对话框→单击"设置"选项卡→按表 4-24 附注信息,选择残值收入对应科目"工商银行"、清理费用对应科目"库存现金"(见图 4-114)→单击"确定"按钮→依次单击"按单""开始"按钮→提示生成一张凭证→单击"查看"按钮→出现凭证查看界面(见图 4-115)→系统将对自动生成的记账凭证进行调整,调整结果如图 4-116 和图 4-117 所示。

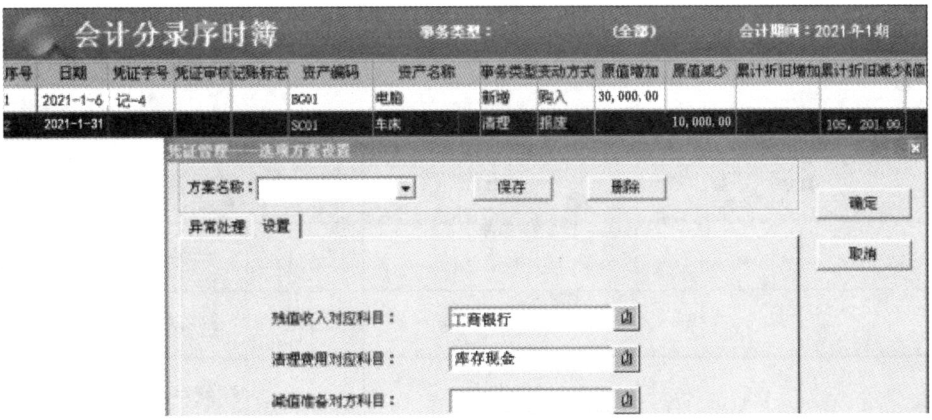

图 4-114　选择残值收入对应科目、清理费用对应科目

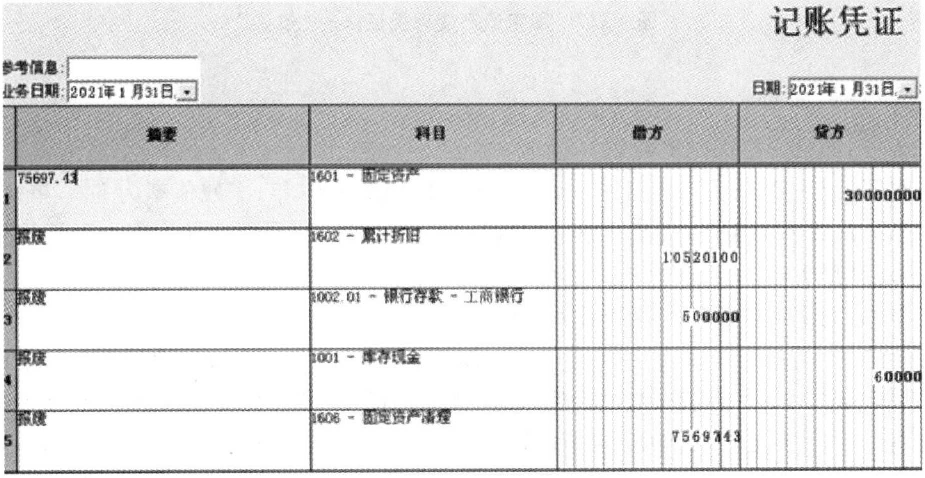

图 4-115　固定资产清理凭证(系统自动生成)

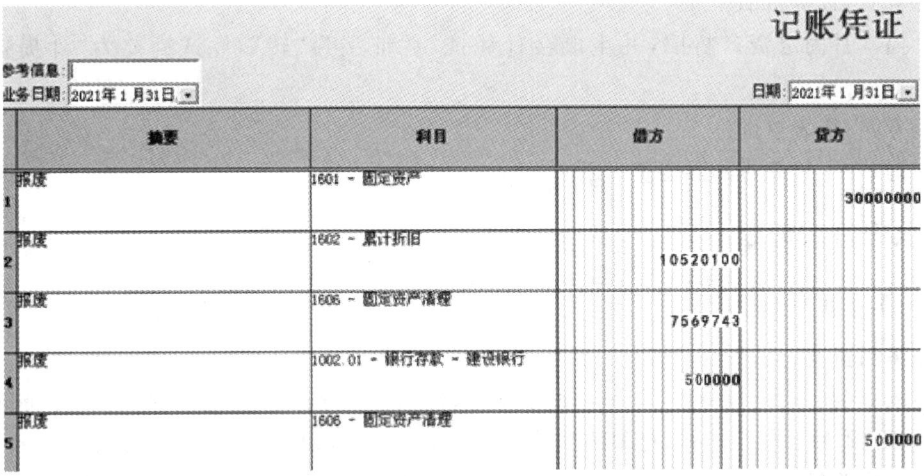

图 4-116　固定资产清理凭证(1～5条)

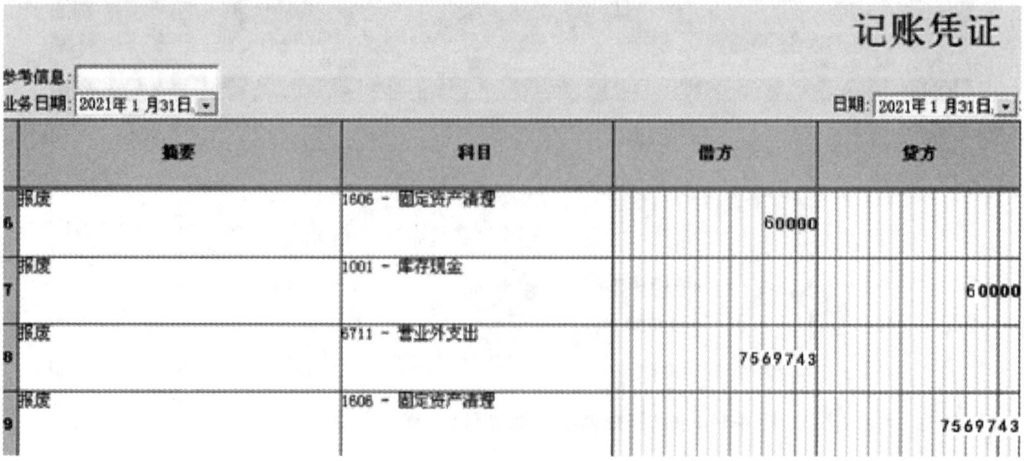

记账凭证

参考信息：

业务日期：2021年1月31日

日期：2021年1月31日

	摘要	科目	借方	贷方
6	报废	1606 - 固定资产清理	60000	
7	报废	1001 - 库存现金		60000
8	报废	6711 - 营业外支出	7569743	
9	报废	1606 - 固定资产清理		7569743

图 4-117　固定资产清理凭证(6～9 条)

（四）实训任务

任务一：固定资产类别的设置。

资料：代码为 004；名称为房屋及建筑物；使用年限为 40 年；净残值率为 5%；单位为幢；预设折旧方法为平均年限法(基于原值)；编码规则为 FW00；是否计提折旧为不管使用状况如何，一定计提折旧。

任务二：固定资产原始卡片的录入。

资料：资产类别为房屋及建筑物；资产编码为 FW03；资产名称为办公楼；入账日期为 2010 年 11 月 01 日；经济用途为经营用；使用状况为正常使用；变动方式为自建；使用部门为行政部；折旧费用科目为管理费用-折旧费；币别为人民币；原币金额为 1 200 000 元；开始使用日期为 2000 年 12 月 01 日；预计使用期间为 480；已使用期间为 140；累计折旧金额为 260 000元；预计净残值为 60 000 元；折旧方法为动态平均法。

任务三：计提折旧。

计提本月固定资产折旧，并生成会计凭证(凭证字为“转”，凭证摘要为“计提折旧费用”)。

任务四：账表查询。

查询 2021 年 5 月的固定资产清单。

五、应付款管理

（一）付款单(付款)

1. 案例资料

案例资料：2021 年 1 月 7 日，腾飞公司以工商银行存款偿还前欠环宇公司的货款 140 000元(附原始凭证 1 张，结算方式为电汇，结算号为 140102)。

2. 操作路径

(1)在金蝶 KIS 专业版主界面选择“应收应付”→选择“付款单”→打开“付款单据[新

增]"窗口→单击"新增"按钮→在表头部分填入或选择供应商"01"、日期"2014-1-7"、付款类型"付款"、币别"人民币"、结算账户"工商银行"、结算方式"电汇"、结算号"140102"、表头付款金额"140000"（见图4-118）→在表体"源单编号"栏单击"选源单"按钮或按"F7"键→双击"期初应付"→依次单击"保存""审核"按钮→软件提示审核单据成功。

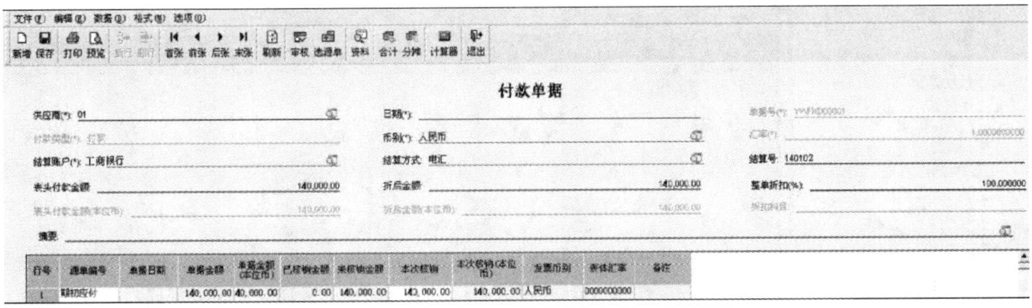

图 4-118　录入付款单

（2）在金蝶KIS专业版主界面选择"应收应付"→选择"生成凭证"→弹出"选择事务类型"对话框→选择"付款"（见图4-119）→单击"确定"按钮→出现过滤窗口→单击"确定"按钮→出现单据序时簿界面→单击"选项"按钮→打开"生成凭证选项"窗口→单击"模板设置"按钮→打开"凭证模板"窗口→选择事务类型"付款"→单击"修改"按钮→弹出"凭证模板"对话框→选择凭证字"记"→选择借方科目"应付账款"（见图4-120）→单击"保存"按钮→软件提示模板保存成功→依次单击"确定""退出"按钮，返回单据序时簿界面→选中付款单→单击"按单"按钮→弹出生成凭证成功的提示→单击"凭证"按钮→查看生成的付款记账凭证（见图4-121）。

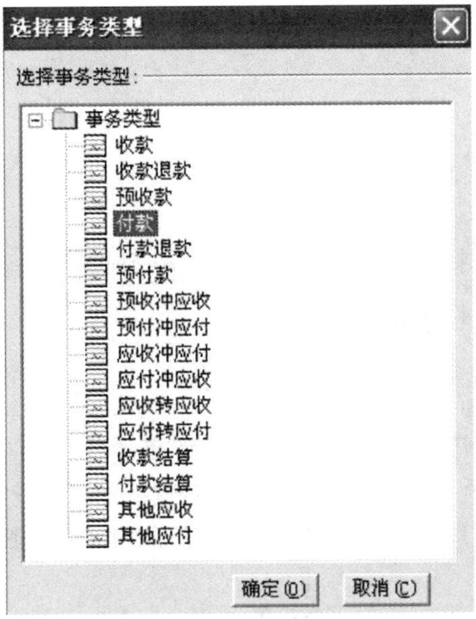

图 4-119　选择事务类型

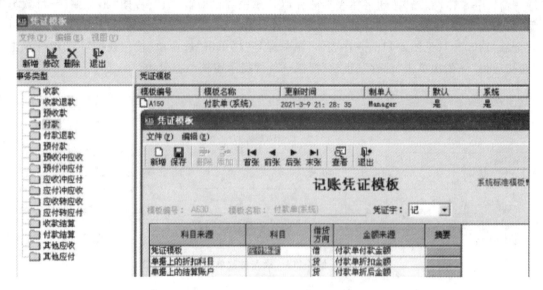

图 4-120　设置付款记账凭证模板

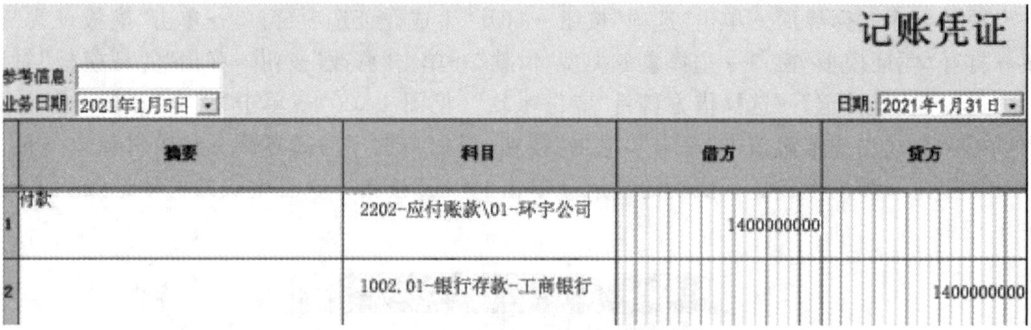

图 4-121　付款记账凭证

（二）付款单（预付款）

1. 案例资料

2021年1月18日，腾飞公司用工商银行存款预付雨润公司购料款10 000元，结算方式为信汇，结算号为140203（附原始凭证1张）。

2. 操作路径

(1)在金蝶KIS专业版主界面选择"应收应付"→选择"付款单"→打开"付款单［新增］"窗口→单击"新增"按钮→在表头部分填入或选择供应商"雨润公司"、日期"2021-1-18"、付款类型"预付款"、币别"人民币"、结算账户"工商银行"、结算方式"信汇"、结算号"140203"、表头付款金额"10000"→依次单击"保存""审核"按钮（见图4-122）→软件提示审核单据成功。

(2)在金蝶KIS专业版主界面选择"应收应付"→选择"生成凭证"→弹出"选择事务类型"对话框→选择"预付款"→单击"确定"按钮→出现过滤窗口→单击"确定"按钮→出现单据序时簿界面→单击"选项"按钮→打开"生成凭证选项"窗口→单击"模板设置"按钮→打开

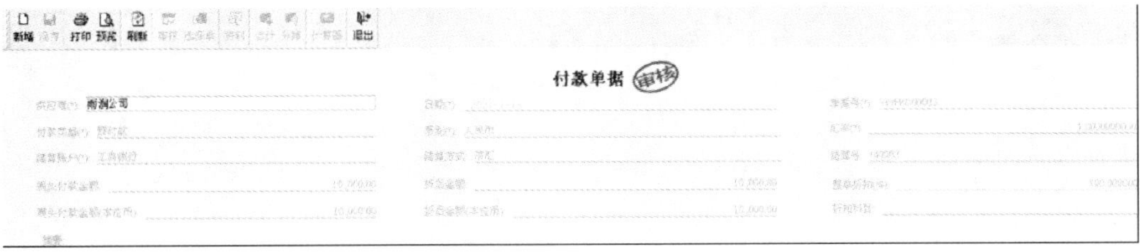

图 4-122 录入付款单

"凭证模板"窗口→选择事务类型"预付款"→单击"修改"按钮→弹出"凭证模板"对话框→选择凭证字"记"→选择借方科目"预付账款"→单击"保存"按钮→软件提示模板保存成功→依次单击"确定""退出"按钮,返回单据序时簿界面→选中预付单→单击"按单"按钮→弹出生成凭证成功的提示→单击"凭证"按钮→查看生成的预付款记账凭证(见图 4-123)。

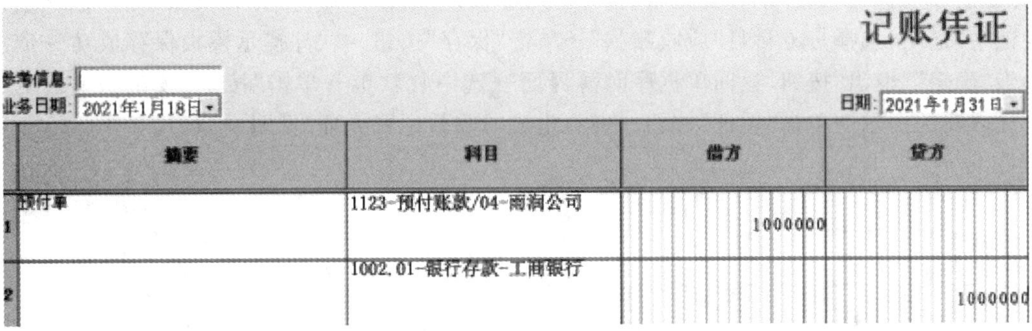

图 4-123 预付款记账凭证

3. 实训任务:

实训任务:录入付款单据。

资料:2021 年 4 月 6 日,公司以工商银行电汇付款人民币 19 800 元,支付 2021 年 3 月 10 日向贺兰公司采购甲材料的货款。请编制付款单据 FKD0145 并保存。

六、应收款管理

(一)案例资料

2021 年 1 月 30 日,腾飞公司收到临安公司偿还前欠货款 60 000 元,款项已存入工商银行(附原始凭证 1 张,结算方式为信汇,结算号为 140203)。

(二)操作路径

(1)在金蝶 KIS 专业版主界面选择"应收应付"→选择"收款单"→打开"收款单据[新增]"窗口→单击"新增"按钮→在表头部分填入或选择客户"临安公司"、日期"2021-1-30"、付款类型"收款"、币别"人民币"、结算账户"工商银行"、结算方式"信汇"、结算号"140203"、表头收款金额"60000"→在表体"源单编号"栏单击"选源单"按钮或按"F7"键→双击"期初应收"→依次单击"分摊""保存""审核"按钮(见图 4-124)→软件提示审核单据成功。

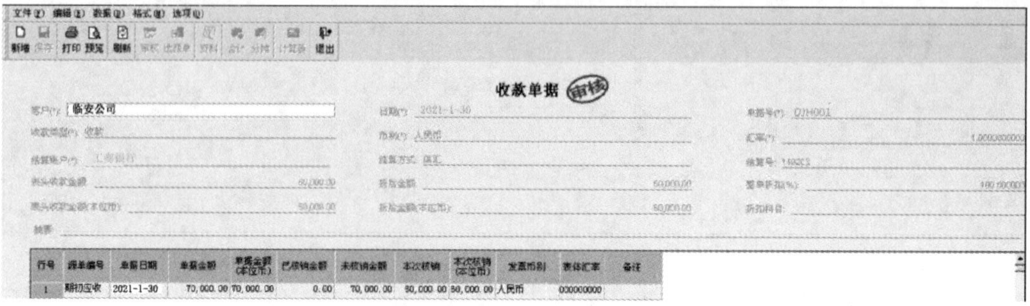

图 4-124　录入收款单

(2)在金蝶 KIS 专业版主界面选择"应收应付"→选择"生成凭证"→弹出"选择事务类型"对话框→选择"收款"→单击"确定"按钮→出现过滤窗口→单击"确定"按钮→出现单据序时簿界面→单击"选项"按钮→打开"生成凭证选项"窗口→单击"模板设置"按钮→打开"凭证模板"窗口→选择事务类型"收款"→单击"修改"按钮→弹出"凭证模板"对话框→选择凭证字"记"→选择贷方科目"应收账款"→单击"保存"按钮→软件提示模板保存成功→依次单击"确定""退出"按钮,返回单据序时簿界面→选中收款单→单击"按单"按钮→弹出生成凭证成功的提示→单击"凭证"按钮→查看生成的收款记账凭证(见图 4-125)。

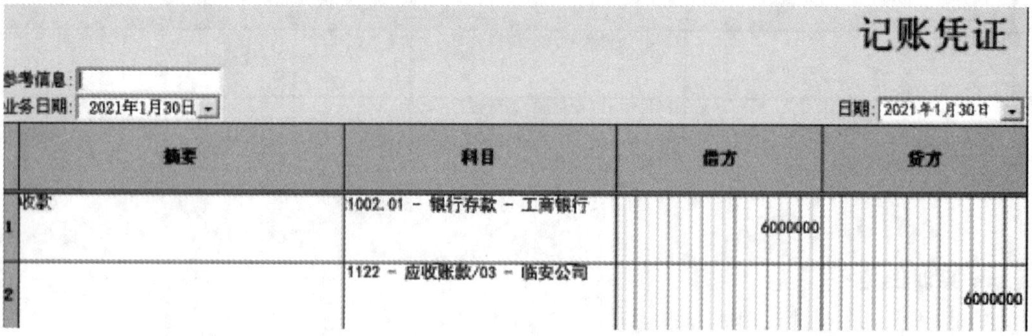

图 4-125　收款记账凭证

(三)实训任务

实训任务:录入收款单据。

资料:2021 年 3 月 20 日,工商银行收到支票人民币 24 000 元,此款项为乐源公司支付的 2021 年 2 月 10 日的货款。请编制收款单 SKD00147 并保存。

七、出纳管理

(一)现金管理

1.登记现金日记账

(1)案例资料。

现金日记账从总账引入。

(2)操作路径。

在金蝶 KIS 专业版主界面选择"出纳管理"→选择"现金日记账"→出现过滤窗口→单击

"确定"按钮→打开"现金日记账"窗口→单击"引入"按钮→弹出"引入日记账"对话框(见图 4-126)→在"现金日记账"选项卡中选择科目、引入方式、日期和期间模式→单击下方的"引入"按钮→状态栏会显示凭证数目和引入的记录数目,并提示引入现金日记账完毕→依次单击"确定""关闭"按钮→"现金日记账"界面会出现本期现金日记账→单击"关闭"按钮返回。

图 4-126 从总账引入现金日记账

2. 录入 1 月 31 日的现金盘点单

(1)案例资料。

录入 1 月 31 日的现金盘点单(100 元 4 把,50 元 3 卡,50 元 15 张,20 元 4 张,1 元 5 张),进行库存现金对账。

(2)操作路径。

①在金蝶 KIS 专业版主界面选择"出纳管理"→选择"现金盘点单"→打开"现金盘点单"窗口→单击"新增"按钮→弹出"现金盘点单-新增"对话框→按所给资料输入各种票面现金货币的数量(见图 4-127)→依次单击"保存""关闭"按钮返回。

②在金蝶 KIS 专业版主界面选择"出纳管理"→选择"现金对账"→打开"现金对账"窗口→弹出"现金对账"对话框→单击"确定"按钮(见图 4-128)→出现出纳管理系统和总账系统期初余额、本期借方、本期贷方和期末余额以及现金盘点结果。

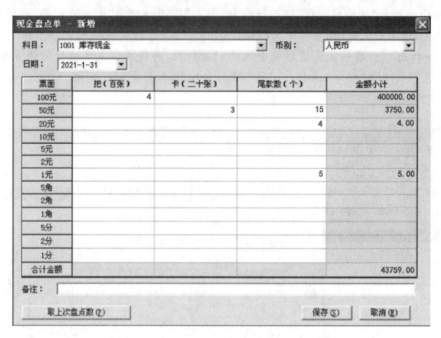

图 4-127　填制现金盘点单

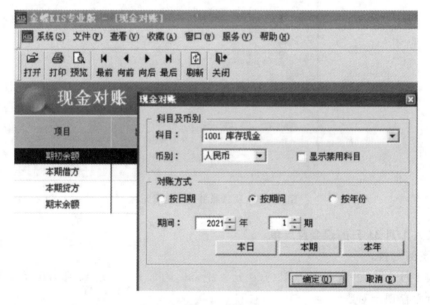

图 4-128　现金对账

(二)银行存款管理

1. 登记银行存款日记账

(1)案例资料。

银行存款日记账从总账引入。

(2)操作路径。

在金蝶 KIS 专业版主界面选择"出纳管理"→选择"银行存款日记账"→出现过滤窗口→

单击"确定"按钮→打开"银行存款日记账"窗口→单击"引入"按钮→弹出"引入日记账"对话框(见图 4-129)→在"银行存款日记账"选项卡中选择科目、引入方式、日期和期间模式→单击下方的"引入"按钮→状态栏会显示凭证数目和引入的记录数目,并提示引入银行存款日记账完毕→依次单击"确定""关闭"按钮→"银行存款日记账"界面会出现本期银行存款日记账→单击"关闭"按钮返回。

图 4-129　从总账引入银行存款日记账

2.录入银行对账单

(1)案例资料。

各银行对账单记录见表 4-25 和表 4-26。

表 4-25　工商银行对账单

日期	摘要	结算方式	结算号	借方/元	贷方/元
2021-01-04	提现	现金支票	4051232	6 000	
2021-01-07	偿还前欠环宇公司货款	电汇	140102	140 000	

续表

日期	摘要	结算方式	结算号	借方/元	贷方/元
2021-01-10	购电脑	转账支票	4051220	35 100	
2021-01-12	购料	信汇	140202	89 856	
2021-01-15	付广告费	转账支票	4051221	6 000	
2021-01-17	销售商品,货款已收	电汇	140103		168 480
2021-01-18	预付购料款	信汇	140203	10 000	
2021-01-30	收回临安公司前欠货款	信汇	140203		60 000

表 4-26 中国银行对账单

日期	摘要	结算方式	结算号	借方/元	贷方/美元
2021-01-16	收到外商投资	电汇	140104		30 000

(2)操作路径。

①在金蝶 KIS 专业版主界面选择"出纳管理"→选择"银行对账单"→出现过滤窗口→单击"确定"按钮→打开"银行对账单"窗口→单击"新增"按钮→打开"银行对账单录入"窗口(见图 4-130)→按表 4-25 的资料,录入工商银行对账单→单击"保存"按钮保存输入数据。

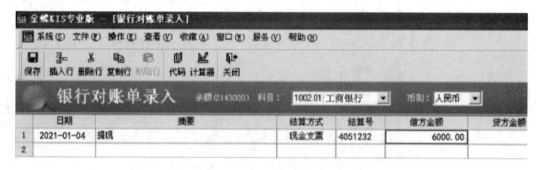

图 4-130 录入工商银行对账单

②在"银行对账单录入"窗口选择科目"1002.02 中国银行"、币别"美元"→按表 4-26 的资料,录入中国银行对账单→单击"保存"按钮保存输入数据。

3. 进行工商银行、中国银行账户的银行对账

(1)案例资料。

案例资料见上述内容。

(2)操作路径。

①在金蝶 KIS 专业版主界面选择"出纳管理"→选择"银行存款对账"→打开"银行存款对账"窗口→选择科目"1002.01 工商银行"、币别"人民币"→单击"确定"按钮→打开"银行存款对账"窗口(见图 4-131)→单击"自动"按钮→弹出"银行存款对账设置"对话框(见图 4-132)→勾选"结算方式相同""结算号相同"→单击"确定"按钮→软件提示自动对账完毕,显示对账的日记账的数目及对账单的数目。

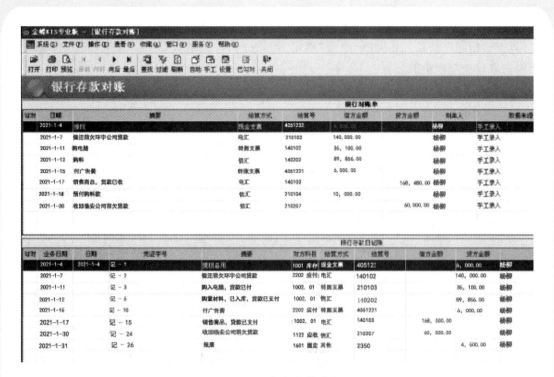

图 4-131　银行存款对账

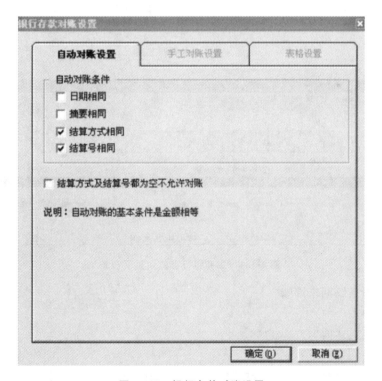

图 4-132　银行存款对账设置

②在"银行存款对账"窗口选择科目"1002.02 中国银行"、币别"美元"→单击"确定"按

钮→打开“银行存款对账”窗口→单击“自动”按钮→弹出“银行存款对账设置”对话框→勾选“结算方式相同”“结算号相同”→单击“确定”按钮→软件提示自动对账完毕，显示对账的日记账的数目及对账单的数目。

4. 生成工商银行存款余额调节表

(1)案例资料。

案例资料见上述内容。

(2)操作路径。

在金蝶 KIS 专业版主界面选择“出纳管理”→选择“余额调节表”→弹出“余额调节表”对话框→选择科目“1002.01 工商银行”、币别“人民币”(见图 4-133)→单击“确定”按钮→出现工商银行存款余额调节表(见图 4-134)。

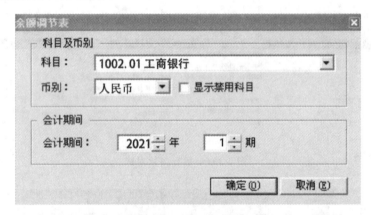

图 4-133　余额调节表

企业未达账							银行未达账						
项目	日期	结算方式	结算号	金额	制单人	数据来源	项目	日期	凭证字号	对方科目	结算方式	结算号	金额
银行存款日记账余额				830,460.00			银行对账单余额						890,960.00
加：银行已收，企业未收				60,000.00			加：企业已收，银行未收						5,000.00
收回长城公司前欠货款	2021-1-30	信汇	140203	60,000.00	杨柳	手工录入	报废	2021-1-31	记-24	1606 固定资产清理	其他	1234	5,000.00
							减：企业已付，银行未付						0.00
调整后(银行存款日记账)余额				890,460.00			调整后(银行对账单)余额						890,460.00

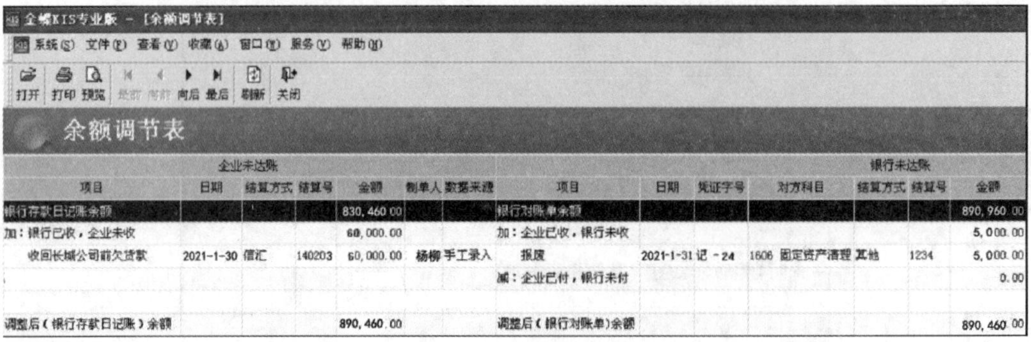

图 4-134　工商银行存款余额调节表

5. 出纳管理系统期末结账

(1)案例资料。

案例资料见上述内容。

(2)操作路径。

在金蝶 KIS 专业版主界面选择“出纳管理”→选择“出纳结账”→弹出“期末结账”对话框(见图 4-135)→单击“开始”按钮→弹出是否开始期末结账的提示→单击“确定”按钮，结账成功。

项目四　会计信息系统应用　**223**

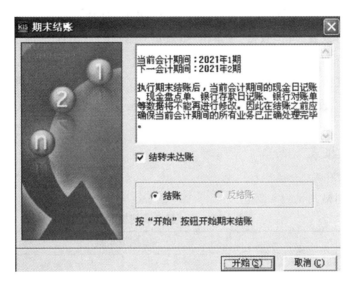

图 4-135　期末结账

八、报表系统

(一)利用模板生成资产负债表和利润表

1. 案例资料

查看当月(2021 年 1 月)腾飞公司的资产负债表和利润表。

2. 操作路径

(1)在金蝶 KIS 专业版主界面选择"报表与分析"→选择"自定义报表"→打开"自定义报表"窗口→单击"引入"→选择"引入新会计准则模板"(见图 4-136)→弹出提示"如果以前有引入操作,现在将覆盖旧模板,请确认是否引入模板?"(见图 4-137)→单击"是"→自定义模板界面右侧会出现引入的利润表、所有者权益(股东权益)变动表和资产负债表模板。

图 4-136　引入新会计准则模板

图 4-137　覆盖旧模板的提示

(2)在"自定义报表"界面选择"资产负债表"→单击"打开"按钮→打开"资产负债表"窗口→单击 图标(或者单击"数据"→单击"报表重算"按钮)→出现2021年1月腾飞公司资产负债表→单击"保存"按钮。

(3)在"自定义报表"界面选择"利润表"→单击"打开"按钮→打开"利润表"窗口→单击 图标(或者单击"数据"→单击"报表重算"按钮)→出现2021年1月腾飞公司利润表→单击"保存"按钮。

(二)自定义报表

1. 案例资料

货币资金表的格式见表4-27。

表 4-27 货币资金表的格式

项目 科目	期初余额	本期发生额		期末余额
		借方发生额	贷方发生额	
库存现金				
银行存款-工商银行				
银行存款-中国银行				
其他货币资金				
合计				

2. 操作路径

(1)在金蝶KIS专业版主界面选择"报表与分析"→选择"自定义报表"→打开"自定义报表"窗口→单击"新建"按钮→进入新报表窗口→单击"格式"→选择"表属性"(见图4-138)→弹出"报表属性"对话框→选择"行列"选项卡→输入总行数"7"、总列数"5"(见图4-139)→单击"确定"按钮→出现7行5列的报表。

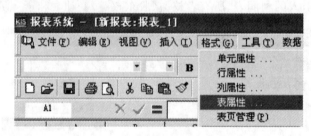

图 4-138 选择"表属性"

(2)在"自定义报表"界面→选择A1:A2单元格→单击单元融合图标 ,合并A1:A2单元格(同理合并B1:B2单元格、C1:D1单元格、E1:E2单元格,如图4-140所示)→单击"格式"→单击"定义斜线"按钮(见图4-141)→弹出"A1:A2单元属性"对话框→选择斜线类型"二分"→在"1"后面的文本框输入"科目"→在"3"后面的文本框输入"项目"(见图4-142)→单击"确定"按钮→按表4-27的资料,在A3:A7单元格和B1:E2单元格输入对应的科目和项目名称生成货币资金表(见图4-143)。

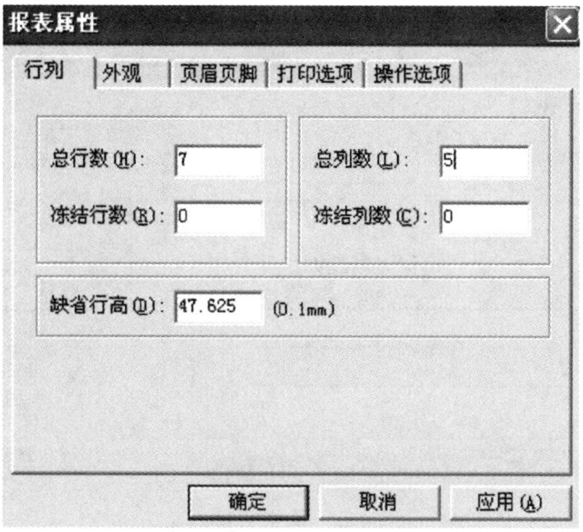

图 4-139 定义表尺寸

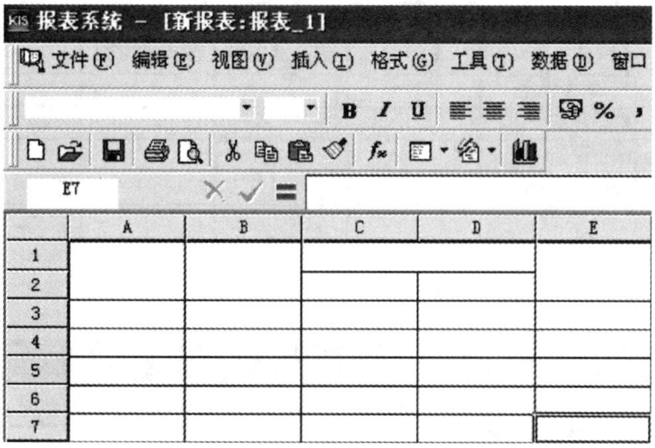

图 4-140 合并单元格

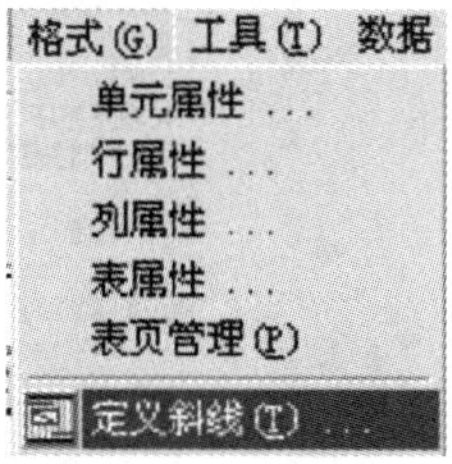

图 4-141 定义斜线

(3)在"货币资金表"中选择 B3 单元格→单击 f_x 图标→弹出"报表函数"对话框→选择函数名"ACCT"(见图 4-144)→单击"确定"按钮→弹出"函数表达式"对话框→选择"科目"栏,按"F7"键→选择科目"1001"→选择"取数类型"栏,按"F7"键→选择"C"→其他栏取默认值(见图 4-145)→单击"确认"按钮,返回"货币资金表"。

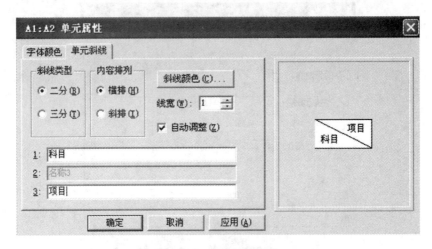

图 4-142 定义二分斜线

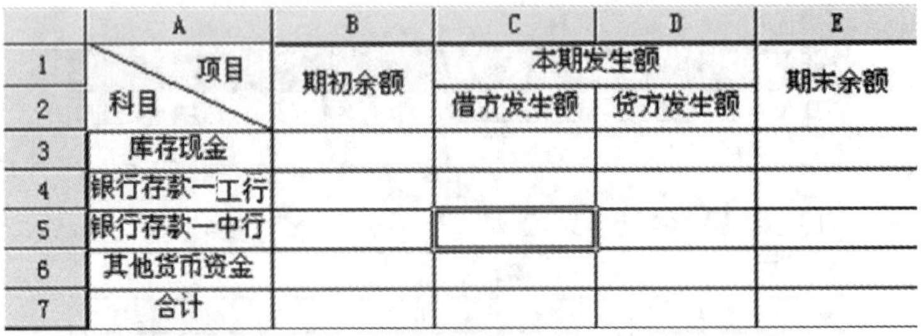

	A	B	C	D	E
1	项目	期初余额	本期发生额		期末余额
2	科目		借方发生额	贷方发生额	
3	库存现金				
4	银行存款—工行				
5	银行存款—中行				
6	其他货币资金				
7	合计				

图 4-143 货币资金表

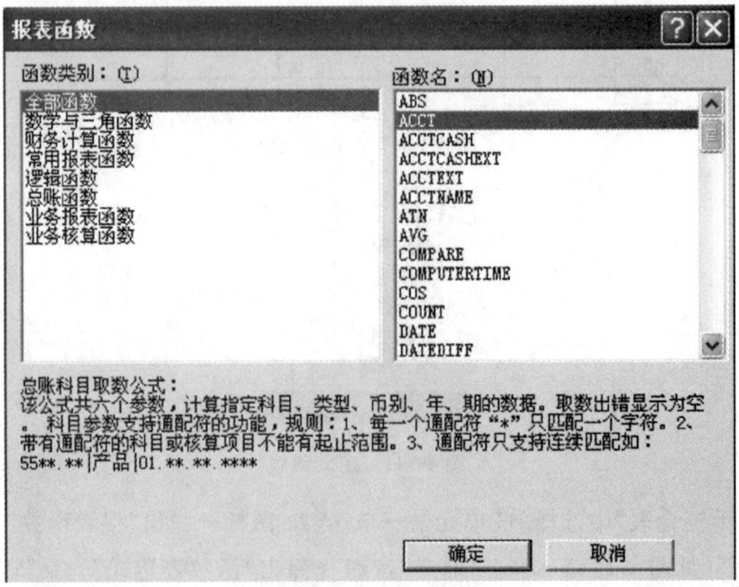

图 4-144 选择 ACCT 函数

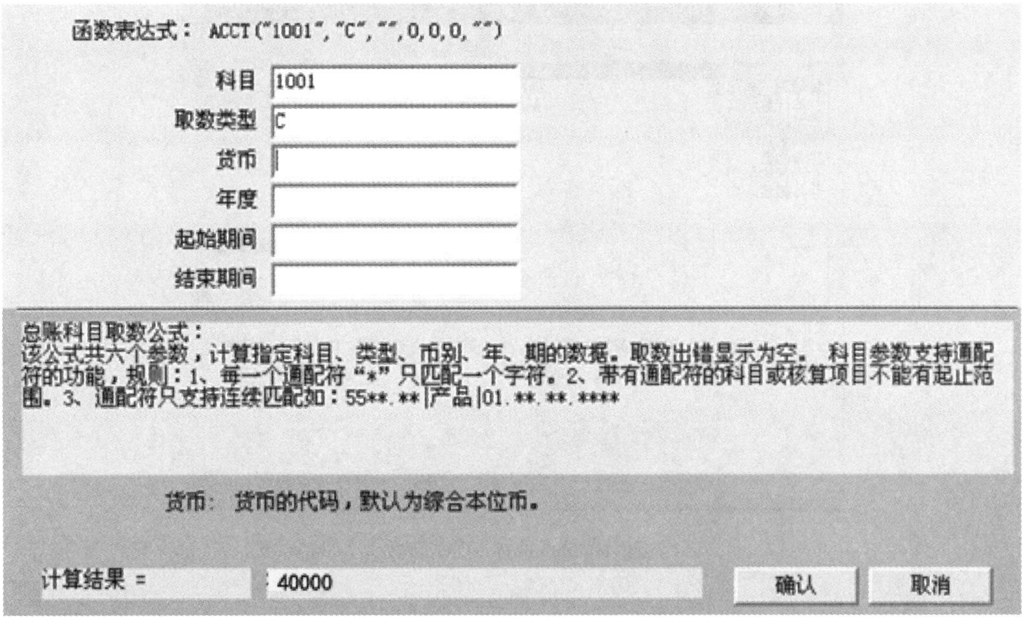

```
函数表达式：ACCT("1001","C","",0,0,0,"")
         科目     1001
         取数类型  C
         货币
         年度
         起始期间
         结束期间
```

总账科目取数公式：
该公式共六个参数，计算指定科目、类型、币别、年、期的数据。取数出错显示为空。科目参数支持通配符的功能，规则：1、每一个通配符"*"只匹配一个字符。2、带有通配符的科目或核算项目不能有起止范围。3、通配符只支持连续匹配如：55**.**|产品|01.**.**.****

货币： 货币的代码，默认为综合本位币。

计算结果 = 40000

图 4-145 输入函数表达式

（4）在"货币资金表"中选择 C3 单元格→单击 f_x 图标→弹出"报表函数"对话框→选择函数名"ACCT"→单击"确定"按钮→弹出"函数表达式"对话框→选择"科目"栏，按"F7"键→选择科目"1001"→选择"取数类型"栏，按"F7"键→选择"JF"→其他栏取默认值→单击"确认"按钮，返回"货币资金表"。

（5）在"货币资金表"中选择 D3 单元格→单击 f_x 图标→弹出"报表函数"对话框→选择函数名"ACCT"→单击"确定"按钮→弹去"函数表达式"对话框→选择"科目"栏，按"F7"键→选择科目"1001"→选择"取数类型"栏，按"F7"键→选择"DF"→其他栏取默认值→单击"确认"按钮，返回"货币资金表"。

（6）在"货币资金表"中选择 E3 单元格→单击 f_x 图标→弹出"报表函数"对话框→选择函数名"ACCT"→单击"确定"按钮→弹出"函数表达式"对话框→选择"科目"栏，按"F7"键→选择科目"1001"→选择"取数类型"栏，按"F7"键→选择"Y"→其他栏取默认值→单击"确认"按钮，返回"货币资金表"。

（7）按以上方法，在"货币资金表"的 B4:E6 单元格输入对应的函数表达式。

（8）在"货币资金表"中选择 B7 单元格→单击 f_x 图标→弹出"报表函数"对话框→选择函数名"SUM"（见图 4-146）→单击"确定"按钮→弹出"函数表达式"对话框→在"参数 1"栏选择"B3:B6"（见图 4-147）→单击"确认"按钮，返回"货币资金表"。

（9）按上述方法，在"货币资金表"的 C7:E7 单元格输入对应的 SUM 函数表达式。

（三）实训任务

任务一：新建报表。

资料：新建一张空白报表并保存，报表名称为"货币资金表"。

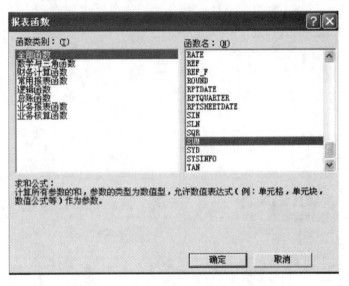

图 4-146　选择 SUM 函数

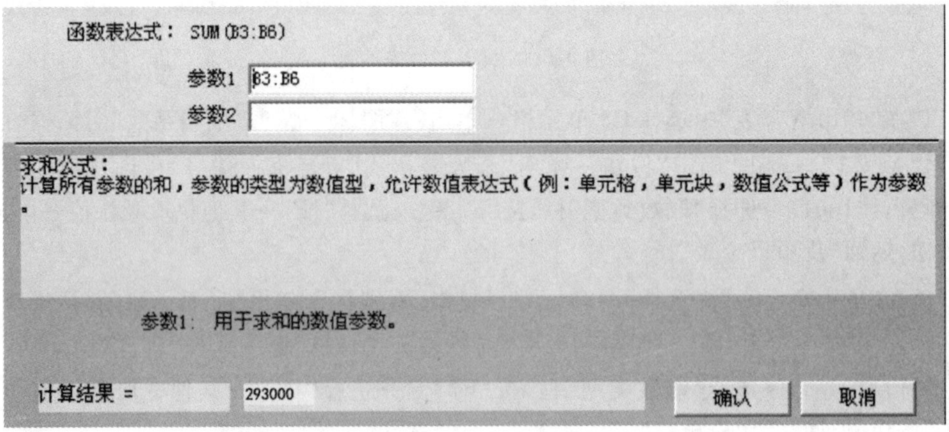

图 4-147　输入 SUM 函数表达式

任务二:定义报表格式。

(1)打开"自定义报表"中的"利润表",在 B7 单元格定义一个"生产成本"科目的利润表本年累计发生额取数公式。

(2)在"货币资金表"的 A1:E1 单元格依次输入以下数据并保存报表:项目、期初余额、期末余额。把 A1:E1 单元格的文本格式设置为居中。

任务三:编制报表。

资料:查询 2021 年 4 月利润表,重算并保存报表。

项目四实训二维码